高等职业教育交通运输大类系列教材·城市轨道交通

城市轨道交通接触网技术
（第 2 版）

主　编　李晓红　谭丽娜
副主编　周秀民　王　珂
主　审　肖　昆

北京理工大学出版社
BEIJING INSTITUTE OF TECHNOLOGY PRESS

内容简介

本书由城市轨道交通供电系统概述、柔性接触网结构与设备、刚性接触网结构与设备、接触轨结构与设备、接触网设计与施工、接触网运营管理六个单元组成。主要介绍了城市轨道交通接触网中柔性接触网、刚性接触网、接触轨的结构与设备及有关接触网设计、施工和运营管理方面的知识。

本书作为轨道交通类高职高专院校的专业教材，可供高等职业教育城市轨道交通类专业的师生学习，也可供从事城市轨道交通行业相关供电设计、施工工作的技术人员及技能培训人员等参考。

版权专有　侵权必究

图书在版编目（CIP）数据

城市轨道交通接触网技术 / 李晓红，谭丽娜主编. --2 版. --北京：北京理工大学出版社，2021.8（2021.11 重印）
ISBN 978-7-5763-0247-9

Ⅰ. ①城… Ⅱ. ①李…②谭… Ⅲ. ①城市铁路–接触网–高等职业教育–教材 Ⅳ. ①U239.5

中国版本图书馆 CIP 数据核字（2021）第 176765 号

出版发行 /	北京理工大学出版社有限责任公司
社　　址 /	北京市海淀区中关村南大街 5 号
邮　　编 /	100081
电　　话 /	（010）68914775（总编室）
	（010）82562903（教材售后服务热线）
	（010）68944723（其他图书服务热线）
网　　址 /	http://www.bitpress.com.cn
经　　销 /	全国各地新华书店
印　　刷 /	三河市天利华印刷装订有限公司
开　　本 /	787 毫米×1092 毫米　1/16
印　　张 /	15
字　　数 /	352 千字
版　　次 /	2021 年 8 月第 2 版　2021 年 11 月第 2 次印刷
定　　价 /	42.00 元

责任编辑 / 封　雪
文案编辑 / 封　雪
责任校对 / 周瑞红
责任印制 / 李志强

图书出现印装质量问题，请拨打售后服务热线，本社负责调换

前 言
PREFACE

为了解决城市中的拥堵问题，国家提出建立以城市轨道交通为骨干，以公共交通为主体，多种交通方式相互协调的综合交通系统，使轨道交通进入了快速发展阶段。截至2020年年底，中国大陆地区已开通地铁、轻轨的城市达45个，运营里程约7 969.7 km，越来越多的居民选择乘坐轨道交通出行。

接触网是轨道交通中主要供电装置之一，通过它与电动列车受电弓直接接触将电能传送给电动列车的一种特殊形式的输电线路，是一种无备用又易损耗的户外供电装置，经常受冰、雨、雪、风等恶劣气候条件和周围环境的影响，一旦发生故障将中断牵引供电，影响电动列车的正常运行。为了保证轨道交通运营的安全可靠性，需要大量具备接触网结构知识、设备维护技能、良好应变能力、良好职业道德等的高素质接触网人员。本书全面介绍了接触网的结构和设备及有关接触网设计、施工和运营管理方面的知识，可供工程技术人员培训使用和参考借鉴。

本教材的编写力求符合"轨道交通专业高职教材编审原则"之规定，体现高职教材特色，以实例为引导，介绍了接触网的结构设备、设计、施工和运营维护等内容。本书理论难度适宜，把基础专业知识作为核心，满足了培养高素质高技能型人才的要求。

本教材由吉林交通职业技术学院李晓红、长春职业技术学院谭丽娜任主编，周秀民、王珂任副主编，肖昆任主审。为了保证编写的质量，编审人员共同对本书的知识结构进行了磋商。具体编写情况如下：学习单元一由白冰编写；学习单元二由李晓红编写；学习单元三由王珂编写；学习单元四由王彦新和研奥电气股份有限公司陈实共同编写；学习单元五由谭丽娜编写；学习单元六由周秀民编写。在编写过程中参考了相关的论著和资料，在此谨向相关文献的作者表示衷心的感谢！

鉴于编者的水平及能力有限，且时间仓促，书中错误和不足之处在所难免，殷切期望读者批评指正。

编 者
2021年6月

目 录

学习单元一　城市轨道交通供电系统概述 … 001
第一节　城市轨道交通发展 … 001
第二节　城市轨道交通供电系统 … 006
第三节　城市轨道交通接触网系统 … 010
第四节　受电弓及弓网系统 … 016

学习单元二　柔性接触网结构与设备 … 019
第一节　支柱与基础 … 021
第二节　支持装置 … 030
第三节　定位装置 … 037
第四节　接触悬挂 … 050
第五节　其他设备 … 080

学习单元三　刚性接触网结构与设备 … 094
第一节　刚性接触网系统简介 … 094
第二节　支持定位装置 … 098
第三节　刚性接触悬挂 … 103
第四节　其他设备 … 112

学习单元四　接触轨结构与设备 … 115
第一节　接触轨简介 … 115
第二节　接触轨结构 … 122

学习单元五　接触网设计与施工 … 134
第一节　接触网设计 … 134
第二节　接触网施工 … 144

学习单元六　接触网运营管理 … 158

附录 … 165
附录一　柔性接触网部分零部件图示 … 165
附录二　刚性接触网部分零部件图示 … 168

附录三　接触网平面图（站场咽喉区部分）……………………………………… 170
附录四　接触网平面图（工程数量、设计说明、图标部分）…………………… 171
附录五　接触网停电作业工作票…………………………………………………… 172
附录六　接触网停电作业命令票…………………………………………………… 173
附录七　接触网远离作业工作票…………………………………………………… 174

参考文献 …………………………………………………………………………… 175

学习手册 …………………………………………………………………………… 177

学习单元一

城市轨道交通供电系统概述

学习内容	城市轨道交通供电系统概述
学习要点	1. 城市轨道交通发展； 2. 城市轨道交通供电系统； 3. 城市轨道交通接触网系统； 4. 受电弓及弓网系统
课程导入	1. 国内外不同城市的轨道交通发展概况、供电制式、接触网类型等相关案例资料。 2. 2012年3月15日，新加坡一条地铁线路因地铁两条不锈钢电缆桥架突然断裂，导致电缆失去支撑后悬空、掉落，中断了电动列车电力供应。这次中断电力的故障造成列车停运将近11小时，影响大约9万人出行。通过此案例请同学们体会供电系统在城市轨道交通运营中的作用及出现问题后可能造成的影响
结构框图	城市轨道交通供电系统概述 ⇒ 城市轨道交通发展 / 城市轨道交通供电系统 / 城市轨道交通接触网系统 / 受电弓及弓网系统

第一节　城市轨道交通发展

学习内容	城市轨道交通发展
知识要点	1. 了解世界城市轨道交通发展历程； 2. 熟悉中国城市轨道交通发展历程
能力要点	1. 具有能够说明城市轨道交通发展历程的能力； 2. 具有能够对城市轨道交通相关资料进行分析总结的能力

续表

素质要点	1. 具有分析问题和解决问题的能力； 2. 具有查找资料和获取信息的能力； 3. 具有自我管理的能力； 4. 具有沟通和合作的能力。
课程导入	2020年9月2日，中国国际铁路与城市轨道交通大会在上海举行，中国城市轨道交通协会发布了一组数据："十三五"规划（2016—2020年）期间，中国城市轨道交通运营里程预计新增4 494 km，年均新增近900 km，总里程达8 112 km；"十四五"规划（2021—2025年）期间，中国城市轨道交通运营里程有望新增5 000 km，年均新增1 000 km左右，总里程达1.3万km。数据表明，中国城市轨道交通进入稳定发展阶段
结构框图	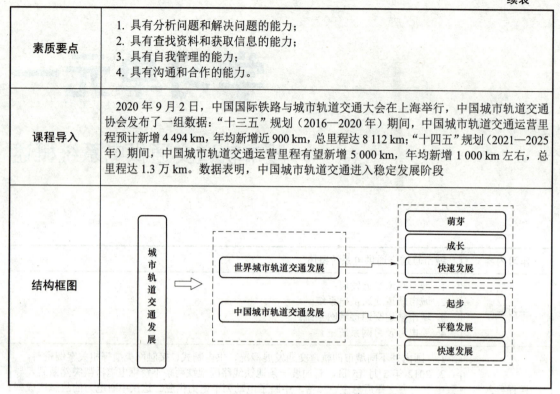

21世纪以来，具有节能、环保、安全、快捷等特征的城市轨道交通越来越受到众多城市的关注，它不仅具有强大的运输能力、较高的服务水平、显著的资源环境效益，而且能够按照设计的能力正常运行，与其他交通工具互不干扰，这也使之成为解决城市经济发展和道路拥挤问题的根本方法。

城市轨道交通系统是指在城市中使用车辆在固定导轨上运行并主要用于城市客运的交通系统。在中国国家标准《城市公共交通常用名词术语》中，将城市轨道交通定义为"通常以电能为动力，采取轮轨运转方式的快速大运量公共交通之总称"。根据城镇建设行业标准《城市公共交通分类标准》（CJJ 114—2007），城市轨道交通分为地铁系统、轻轨系统、单轨系统、有轨电车、磁浮系统、自动导向轨道系统、市域快速轨道系统七个类别。

一、世界城市轨道交通发展

世界城市轨道交通的发展大致经历了萌芽、成长、快速发展三个阶段。目前世界上已有50多个国家200多座城市修建了轨道交通，并且还有很多城市的轨道交通正在筹建当中，线路总里程达数万公里，为客运交通和城市的经济发展做出了重要贡献。

国外城市轨道交通的发展始于伦敦，第一条地铁线路伦敦大都会铁路（Metropolitan Railway）于1863年开通运营（图1-1），当时电力尚未普及，所以即使是地下铁路也只能用蒸汽机车。世界第一条地下铁道的诞生，为人口密集的大都市如何发展公共交通取得了宝贵的经验，特别是到1879年电力驱动机车的研究成功，使地下客运环境和服务条件得到了空前的改善，显示出地铁建设强大的生命力。从此以后，世界上一些著名的大都市如美国纽约和波士顿、匈牙利布达佩斯、奥地利维也纳、法国巴黎等相继建造地下铁道。

图 1-1　伦敦大都会铁路通车时的情境

在进入 20 世纪的最初 24 年里（1900—1924 年），在欧洲和美洲又有 9 座大城市相继修建了地下铁道，如德国的柏林和汉堡、美国的费城以及西班牙的马德里等。1925—1949 年，其间经历了第二次世界大战，各国都着眼于自身的安危，地铁建设处于低潮，但仍有日本的东京、大阪，苏联的莫斯科等少数城市在此期间修建了地铁。图 1-2 为世界代表城市修建的地铁。1950—1974 年，欧洲，特别是亚洲、美洲，有 30 余座城市开通地铁。1975—2000 年，相继又有 30 余座城市新建地铁开通运营，其中亚洲城市 20 多个。

图 1-2　世界代表城市修建的地铁

（a）纽约地铁；（b）东京地铁；（c）莫斯科地铁；（d）巴黎地铁

二、中国城市轨道交通发展

中国轨道交通的发展经历了起步阶段、平稳发展阶段和快速发展阶段。中国第一条地铁线路位于北京，始建于 1965 年 7 月 1 日，1969 年 10 月 1 日建成通车，全长 23.6 km，共设 17 个车站，是中国地铁之先河。1984 年，天津地铁建成通车，全长 7.4 km，沿途共设 8 个车站。1993 年，上海地铁 1 号线南段建成通车。此后广州、深圳、长春、大连、重庆等城市相继修建了地铁、轻轨、单轨等。图 1-3 为中国代表城市修建的地铁、轻轨、单轨等。

图 1-3 中国代表城市修建的地铁、轻轨、单轨等
(a) 长春轻轨；(b) 北京地铁；(c) 重庆（3 号线）跨座式单轨；(d) 上海磁悬浮列车

截至 2020 年年底，中国大陆地区已开通城市轨道交通的城市达 45 个，运营线路总长度 7 969.7 km，运营线路 244 条。其中，地铁 6 280.8 km，占比 78.8%；轻轨 217.6 km，占比 2.73%；跨座式单轨 98.5 km，占比 1.24%；市域快轨 819.6 km，占比 10.28%；有轨电车 464.6 km，占比 5.83%；磁浮交通 57.7 km，占比 0.72%；自导向轨道系统 10.2 km，占比 0.13%，电子导向胶轮系统 20.7 km，占比 0.26%。表 1-1 为截至 2020 年年底中国大陆开通轨道交通的城市。

随着经济的不断发展和进步，我国城市轨道交通在未来的一个时期内将呈现依次开通的局面，进入一个前所未有的蓬勃发展期。在中国已经运营轨道交通的城市中，越来越多的居民选择乘坐轨道交通出行。

表 1-1 截至 2020 年年底中国大陆已经开通轨道交通的城市

序号	城市	线路总长/km	各系统制式线路长度/km							
			地铁	轻轨	跨座式单轨	市域快轨	有轨电车	磁浮交通	自导向轨道系统	电子导向胶轮系统
1	北京	799.1	653.0			115.3	20.8	10.0		
2	上海	834.2	693.8			56.0	49.0	29.1	6.3	
3	成都	652.0	518.5			94.2	39.3			
4	广州	531.6	505.7				22.0			3.9
5	南京	394.3		176.8			16.7		200.8	
6	天津	238.8	178.6	52.3			7.9			
7	重庆	343.3	244.8		98.5					
9	深圳	422.6	410.9				11.7			
9	武汉	387.5	338.4				49.1			
10	沈阳	1 211.5	114.1				97.4			
11	长春	117.7	38.7	61.5			17.5			
12	大连	181.3	54.1	103.8			23.4			
13	西安	239.0	239.0							
14	哈尔滨	30.3	30.3							
15	苏州	210.1	165.9				44.2			
16	郑州	244.0	201.0			43.0				
17	昆明	139.4	139.4							
18	杭州	300.6	300.6							
19	佛山	28.1	21.5				6.6			
20	长沙	157.9	139.3					18.6		
21	宁波	154.3	132.8			21.5				
22	无锡	87.1	87.1							
23	南昌	88.9	88.9							
24	兰州	86.9	25.9			61.0			61.0	
25	青岛	255.0	71.9			174.3	8.8			
26	淮安	20.1					20.1			
27	福州	58.5	58.5							
28	东莞	37.8	37.8							
29	南宁	108.0	108.0							
30	合肥	112.5	112.5							

续表

序号	城市	线路总长/km	各系统制式线路长度/km							
			地铁	轻轨	跨座式单轨	市域快轨	有轨电车	磁浮交通	自导向轨道系统	电子导向胶轮系统
31	石家庄	59.0	59.0							
32	贵阳	34.8	34.8							
33	厦门	71.9	71.9							
34	珠海	8.8					8.8			
35	乌鲁木齐	26.8	26.8							
36	温州	53.5				53.5				
37	济南	47.7	47.7							
38	常州	34.2	34.2							
39	徐州	46.0	46.0							
40	呼和浩特	49.0	49.0							
41	天水	12.9					12.9			
42	三亚	8.4					8.4			
43	太原	23.6	23.6							
44	株洲	3.0								3.0
45	宜宾	17.7								17.7
总计		7 969.7	6 280.8	217.6	98.5	819.6	464.6	57.7	10.2	20.7

备注：数据来源中国城市轨道交通协会官网

第二节　城市轨道交通供电系统

学习内容	城市轨道交通供电系统
知识要点	1. 掌握外部供电系统的各组成部分的功能； 2. 掌握牵引供电系统各组成部分的功能； 3. 掌握动力照明系统各组成部分的功能； 4. 了解 SCADA 系统的主要作用； 5. 掌握城市轨道交通供电系统的功能
能力要点	1. 具有区分城市轨道交通外部供电系统、牵引供电系统、动力照明系统及 SCADA 系统设备，并能说出各部分相应的功能的能力； 2. 具有能够对城市轨道交通供电系统相关资料进行分析总结的能力
素质要点	1. 具有分析问题和解决问题的能力； 2. 具有查找资料和获取信息的能力； 3. 具有自我管理的能力； 4. 具有沟通和合作的能力

续表

课程导入	2013年6月5日，上海电力公司500 kV三静线（三林变至静安变）C相电缆故障，导致500 kV静安变电站500 kV 1号主变和220 kV 4号主变失电，所供110 kV大田、延平、普陀三座变电站全停，地铁静安寺站动力电源短时失去。故障损失负荷8万kW，停电1.3万用户
结构框图	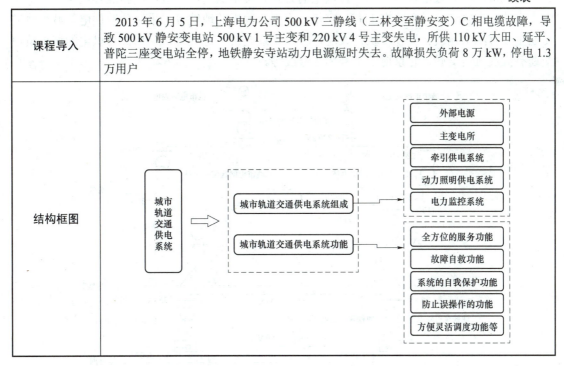

一个完善的城市轨道交通系统是完成旅客输送任务的物质基础，由多种先进的、可靠性高的专业技术设备组成，主要包括线路、车辆、供电、通信、信号等系统。线路是列车运行的基础，车辆是轨道交通牵引和载客工具，信号是轨道交通的指挥系统，供电为轨道交通提供能源和动力。尤其是在现代电气化时代，城市轨道交通的任何部门都离不开电力。保证电动列车畅行、安全、可靠、迅捷、舒适地运送乘客，是供电系统的根本目的。

一、城市轨道交通供电系统组成

城市轨道交通供电系统是由电力系统经高压输电网、主变电所降压、配电网络和牵引变电所降压、换流（转换为直流电）等环节，向城市轨道快速交通线路运行的动车组输送电力的全部供电系统。城市轨道交通供电系统主要由外部电源、主变电所、牵引供电系统、动力照明供电系统、电力监控系统组成。城市轨道交通供电系统示意图见图1-4。

城市轨道交通供电电源一般取自城市电网，通过城市电网一次电力系统和城市轨道供电系统实现输送或变换，然后以适当的等级供给城市轨道交通各类设备。城市电网是一个多电源、多用户、多功能、高密度、大负荷的网络系统。电能作为二次能源，主要来自其他形式能量的转换，包括水能（水力发电）、热能（火力发电）、原子能（核电）、风能（风力发电）、化学能（电池）及光能（光电池、太阳能电池等）等。电能也可转换成其他所需能量形式，如热能、光能、动能等。电能可以靠有线或无线的形式，作远距离的传输。

城市轨道交通作为城市电网的一个重要用户，由多条线路组成，用电范围多在几千米到几十千米之间，采用何种供电方式，与城市电网的构成及城市轨道交通线路的分布有密切的关系。城市电网对城市轨道交通进行供电的方式有集中供电、分散供电和混合供电。采用集中供电的城市轨道交通主要有上海、广州、香港、德黑兰地铁等,采用分散供电的城市轨道交通主要有沈阳地铁、长春轻轨、大连轻轨、北京地铁5号线等,采用混合供电的城市轨道交通有武汉轨道交通、北京地铁1号和2号线等。

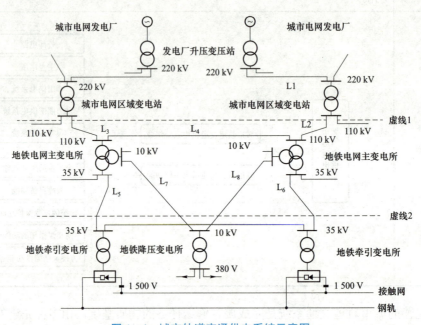

图1-4 城市轨道交通供电系统示意图

主变电所将来自城市电网的高压交流电经过降压转变成轨道交通系统中压交流电。主变电所进线电压一般为110 kV,经降压后变成35 kV或10 kV,供给牵引变电站和降压变电站。城市轨道交通企业作为城市电网的重要用户,属于一级负荷,需要引入双路高压电源对其供电系统进行供电。主变电所有两路独立的进线电源,一旦一路发生故障,另一路还可以继续工作,以维持供电系统的正常运行。

牵引供电系统由牵引变电所和接触网组成。牵引变电所是牵引供电系统的核心,一般由进出线单元、变压变流单元及馈出单元构成。其主要功能是将中压交流电(35 kV)整流、降压为轨道交通系统规定的直流电能(DC 15 000 V或DC 750 V)供到接触网上。图1-5为城市轨道交通牵引供电系统构成示意图。牵引变电所将三相高压交流电变成适合电动列车应用的低压直流电。馈电线再将牵引变电所的直流电送到接触网上,电动车辆通过受电弓与接触网直接接触获得电能。通常我们认为牵引变电所、接触网和电动列车是城市轨道交通电气化系统的三大组成部分。

动力照明供电系统提供车站和区间各类照明、扶梯、风机、水泵等动力机械设备电源和通信、信号、自动化等设备电源,由降压变电所和

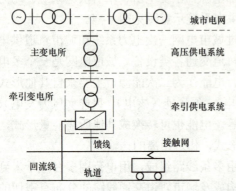

图1-5 城市轨道交通牵引供电系统构成示意图

动力照明配电线路组成。降压变电所将三相电源进线电压降压变为三相 380 V 和单相 220 V 交流电，其主要用电设备是通信、信号、防灾报警、给排水、照明、通风空调及自动扶梯等系统相关设备。降压变电所的两台电力变压器分列运行，同时供电。当一台变压器发生故障时，自动切除负荷，另一台可承担该供电范围内的全部负荷，以保证城市轨道交通的正常运行。动力照明配电线路是指配电所（室）与用电设备之间的导线，配电所（室）仅起到电能分配的作用。降压变电站通过配电所（室）将三相 380 V 和单相 220 V 交流电分别供给动力、照明设备，各配电所（室）对本车站及其两侧区间动力和照明等设备配电。地铁车站及区间照明电源采用 380 V/220 V 系统三相五线制系统配电。正常时，工作照明、事故照明均由交流供电，当失去交流电源时，事故照明自动切换为蓄电池供电，确保事故期间必要的紧急照明。

电力监控系统简称 SCADA（Supervisory Control and Data Acquisition）系统，是利用计算机控制、网络、数据库、现代通信等技术保证控制中心对主变电所、牵引变电所、降压变电所等供电设备运行状态进行监视、控制和数据采集。SCADA 系统由控制中心的电力调度系统（含车辆段的复示系统）、变电所综合自动化系统及联系两者间的通道三部分组成，其中控制中心的电力调度系统作为一个子系统纳入综合监控系统（ISCS）；变电所综合自动化系统则设置在全线的主变电站、牵引降压混合变电所、降压变电所内。车辆段及停车场牵引降压混合变电所内设置集中监控台设备，为值班员提供管理界面；正线、车辆段和停车场牵引降压混合变电所的变电所综合自动化系统接入综合监控系统。综合监控系统（ISCS）与变电所综合自动化系统之间通信方式采用冗余以太网，发生故障时可自动切换。图 1-6 为电力监控系统示意图。

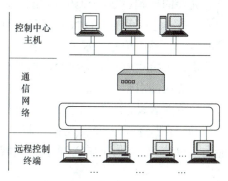

图 1-6　电力监控系统示意图

二、城市轨道交通供电系统功能

城市轨道交通供电系统作为提供城市轨道交通运行所需一切电能的系统，具有以下作用：

全方位的服务功能。供电系统的服务对象除运送旅客的电动车辆外，还有保证旅客在旅行中有良好卫生环境和秩序的通风换气、空调设施、自动扶梯、自动售检票、屏蔽门、排水泵、排污泵、通信信号、消防设施和各种照明设备。在这个庞大的用电群体中，用电设备有不同的电压等级、不同的电压制式，既有固定的，也有时刻在变化着的，供电系统就是要满足这些不同用途的用电设备对电源的不同需求，使城市轨道交通系统的每种用电设备都能发挥各自的功能和作用，保证城市轨道交通系统能够安全、可靠地运营。

故障自救功能。在系统中发生任何一种故障，系统本身都应有备用措施，以保证城市轨道交通系统的正常运营。供电系统设计以双电源为主要原则，当一路电源发生故障时，另一路电源应能保证系统的正常供电。如主变电所、牵引变电所和降压变电所为双电源、双机组；动力照明的一、二级负荷采用双电源、双回路供电；牵引网同一馈电区采用双边供电（双电源供电）方式，当一座牵引变电所发生故障解列时，靠两个相邻变电所的过负荷能力对牵引网进行大双边供电，保证列车可以照常运行不受影响。

系统的自我保护功能。系统应有完善、协调的保护措施，供电系统的各级继电保护应相互配合和协调，当系统发生故障时，应当只切除故障部分的设备，从而使故障范围缩小。对牵引供电系统而言，为保证旅客的安全，保护的速动性是第一位的，其保护的原则是"宁可误动作，不可不动作"。误动作可以用自动重合闸校正，而保护不动作则很危险，因为直流电弧在不切断电源时可以长时间维持燃烧，从而威胁旅客安全。

防止误操作的功能。供电系统中任何一个环节的操作都应有相应的联锁条件，不允许因误操作而导致发生故障。尤其是各种隔离开关（无论是电动还是手动）或手车式开关的隔离触头，都不允许带负荷操作。防止误操作的联锁条件可以是机械的，也可以是电气的，还可以是电气设备本身所具备的或是在操作规程和程序上严格规定的。防止误操作，是使系统安全、可靠地运行所不可缺少的环节。

方便灵活的调度功能。当系统发生故障而使一路或两路电源退出运行时，为保证地铁列车的正常运行，电力调度可以对供电分区进行调度和调整，以达到安全可靠、经济运行的目的。

完善的控制、显示和计量功能。系统应能进行本地和远动控制，并可以方便地进行操作转换，系统各环节的运行状态应有明确的显示，使运行人员一目了然。各种信号显示应明确，事故信号、预告信号分别显示。各种电量的测量和电能的计量应准确，并便于运行人员查证和分析，牵引用电和动力照明用电应分别计量，以利于对用电指标进行考核与经济分析。在控制中心应能对整个供电系统进行控制、信号显示、各种量值的计量统计。

电磁兼容功能。在城市轨道的电磁环境中，供电系统与其他设备、装置或系统应是电磁兼容的。在技术上应采取措施，抑制骚扰源、消除或减弱电磁耦合、提高敏感设备的抗干扰能力，以达到各系统的电磁兼容，使城市轨道交通列车安全可靠地运行。

第三节　城市轨道交通接触网系统

学习内容	城市轨道交通接触网系统
知识要点	1. 掌握城市轨道交通供电系统的供电制式； 2. 掌握接触网的类型； 3. 熟悉接触网在设计和日常维护中的基本要求； 4. 掌握接触网的供电方式
能力要点	1. 具有区分不同类型的接触网的能力； 2. 具有区分接触网的供电方式的能力； 3. 具有绘制牵引供电回路的能力
素质要点	1. 具有分析问题和解决问题的能力； 2. 具有查找资料和获取信息的能力； 3. 具有自我管理的能力； 4. 具有沟通和合作的能力

续表

课程导入	1. 国内不同城市轨道交通接触网使用的供电方式、接触网的类型、接触网的基本结构等资料。 2. 2003 年 7 月 14 日，由于用电负荷太高，供电设备直流开关跳闸，导致列车接触网失电，启动蓄电池供电系统，而蓄电池出现故障，最终导致 3 列列车无法启动，列车停运达 62 min。通过此案例请同学们体会接触网在城市轨道交通运营中的作用及出现问题后可能造成的影响
结构框图	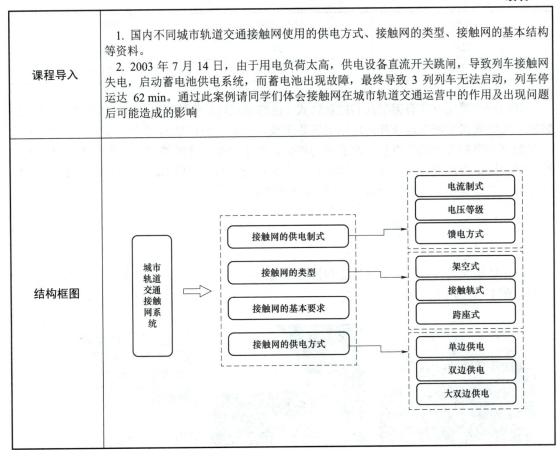

接触网系统是指从牵引变电所出来的电能通过电动列车受电弓传送给车辆的整个送电系统，是牵引供电系统中唯一无备用的设备。

一、接触网的供电制式

供电制式是指供电系统向电动列车供电所采用的方式，主要包括电流制式、电压等级和馈电方式。

铁路上采用交流供电制式，供电电压为 27.5 kV，而城市轨道交通基本都采用直流供电制式，原因有三：一是城市轨道交通运输的列车功率并不是很大，其供电半径（范围）也不大，因此供电电压不需要太高；二是因为没有电抗压降，在同样电压等级下直流制比交流制的电压损失小；三是由于城市内的轨道交通，供电线路都处在城市建筑群之间，供电电压不宜太高，以确保安全。基于以上原因，世界各国城市轨道交通的供电电压都在直流 550～1 500 V 之间，但其挡级很多，这是由各种不同交通形式、不同发展历史时期造成的。现在国际电工委员会（IEC）拟定的电压标准为 600 V、750 V 和 1 500 V 三种。我国国标《城市轨道交通直流牵引供电系统》规定的供电制式为直流 750 V（DC 750 V）和直流 1 500 V（DC 1 500 V）。表 1-2 为直流牵引供电系统电压值。

表1-2 直流牵引供电系统电压值

标称值/V	最高值/V	最低值/V
750	900	500
1 500	1 800	1 000

接触网的馈电方式有架空式和接触轨式（也称第三轨）两种方式。接触轨主要用于地铁、轻轨；架空式接触网除地铁外，还用于铁路干线、工矿、城市地面等。电压等级与馈电方式是接触网供电制式中的关键点，两者密切相关。对于一个具体的城市，电压等级与馈电方式的选择应该结合起来，统一考虑。比如我国北京和天津地铁采用DC 750 V第三轨馈电方式，而上海、广州等地采用DC 1 500 V架空接触网馈电方式。

二、接触网的类型

城市轨道交通接触网按安装位置和接触导线的不同分为架空式、接触轨式和跨座式三大类型。图1-7为不同类型的接触网。

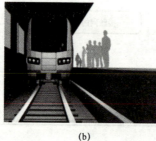

(a) (b) (c)

图1-7 不同类型的接触网
(a) 架空式；(b) 接触轨式；(c) 跨座式

架空式接触网沿轨道线路上方架设，通过与电动列车受电弓可靠地直接滑行接触，将电能持续不断地传送给电动列车，再经走行轨道回到牵引变电所。架空式接触网根据接触悬挂的不同分为刚性架空接触网和柔性架空接触网两类，见图1-8。刚性接触网将接触线夹装在回流排中，依靠回流排自身的刚性保持接触线的固定位置，使接触线不因重力而产生弛度。刚性接触网具有占用净空小、结构简单、无外加张力、维护量小等优点，适用于隧道段。柔性接触网采用柔性线索作为导体，具有较好的弹性，跨距大，用于铁路和城市轨道交通已有多年的历史，运行经验丰富，人们习惯上将其简称为"接触网"。

接触轨式接触网是通过在走行轨道旁设置连续刚性导电"轨道"给电动列车供电。电动列车通过安装在车辆转向架两侧的集电靴和接触轨的滑动接触取得电能，如图1-7（b）所示。接触轨式的主要结构形式有第三轨、第四轨（第三轨供电、第四轨回流）两种。

第三轨指在原有走行轨一侧新增一条轨道供电，车辆则利用集电靴获得电力，电流经车轮和走行轨形成回流。第三轨形式比较常见，比如北京地铁1号线工程、北京地铁2号线（环线）工程、天津地铁1号线中段、武汉轨道交通1号线一期工程等都采用了DC 750 V第三轨形式。第四轨指在原有走行轨道外，另外增设两条轨道各供应直流电正负两极，第三条轨用于供电，第四条轨用于回流。第四轨这种方式比较少见，只在伦敦地铁和意大利米兰市的地铁 A 线中使用。

图 1-8　架空式接触网

(a) 柔性接触网；(b) 刚性接触网

接触轨安装高度低，载流能力强，结构简单，施工方便，造价较低，使用寿命长，有利于城市景观。但是，由于接触轨处于人员比较容易接触到的位置，带来了安全问题，限制了系统电压等级一般不能高于 1 500 V。目前，接触轨多用于城市轨道交通，在铁路中没有采用。

跨座式就是通过单根轨道梁来支承、稳定和导向，车体骑跨在轨道梁上运行的铁路。它能有效利用城市道路空间，爬坡和曲线通过能力强，噪声和景观影响小，是一种独特的中等运量城市轨道交通系统。跨座式单轨通常为高架，高架单轨具有成本低、工期短且占地少、污染小、能有效利用道路中央隔离带、适于建筑物密度大的狭窄街区的优点。此外，单轨列车和轨道容易检查和维修养护。因而单轨不失为大城市客流中等的交通线路和中等城市主要交通线路的较好选择，特别是在地形条件复杂、利用其他交通工具比较困难的情况下，更能体现其优越性。单轨铁路按照走行模式和结构，主要分成悬挂式单轨和跨坐式单轨两类。悬挂式单轨铁路（也称空中轨道列车）的列车悬挂在轨道之下，比如德国的 H-Bahn 空轨，见图 1-9 (a)；另一种较为常见的是跨座式单轨铁路，列车跨座在路轨之上，两旁盖过路轨，比如重庆的 2 号线和 3 号线，见图 1-9 (b)。

图 1-9　单轨铁路

(a) 悬挂式单轨；(b) 跨座式单轨

不同类型接触网的特点及在我国的使用情况见表1-3。

表1-3 不同类型接触网的特点及在我国的使用情况

类型		主要优点	主要缺点	应用	使用城市
架空式	柔性接触网	弹性大，安全性好，运行经验丰富等	影响市容	地下线、地面线、高架线	上海1、2号线等
	刚性接触网	净空小，维护量小等	安装精度高，运行经验少	地下线	上海8号线、广州2号线等
接触轨式	第三轨	安装高度低，施工方便，寿命长等	人身安全问题，电压偏低	地下线、地面线、高架线	北京、武汉等
	第四轨	较高的可靠性、减低信号系统的复杂性等			伦敦、米兰
跨座式	悬挂式单轨	建设成本最低，工程建设最快，占地面积最小，环保、低噪、节能等	承载量有限、突发状况无法快速处理等	高架线	德国、日本
	跨座式单轨	适应性强、噪声低、转弯半径小、爬坡能力非常强	道岔结构复杂，能耗较大	高架线	重庆轻轨2、3号线

三、接触网的基本要求

接触网是轨道交通中主要供电装置之一，通过它与电动列车受电弓直接接触将电能传送给电动列车的一种特殊形式的输电线路，是一种无备用又易损耗的户外供电装置，经常受冰、雨、雪、风等恶劣气候条件和周围环境的影响，一旦发生故障将中断牵引供电，影响电动列车的正常运行。因此，对接触网在设计方面和日常维护方面提出以下基本要求。

1. 接触网悬挂方面

在恶劣的气候条件下，能保证可靠地向电动列车馈电，要求接触网在悬挂结构上具有良好的稳定性和足够的弹性；接触网距走行轨轨面的高度应尽量相等，限制接触线的坡度；接触网应对地绝缘好，安全可靠。图1-10为大雪中的长春轻轨。

图1-10 大雪中的长春轻轨

2. 接触网结构方面

接触网设备结构应力求简单，零部件互换性强，便于施工、运营维护及抢修。

3. 接触网寿命方面

接触网设备及零件应具有足够的耐磨性和抗腐蚀能力，尽量延长设备的使用年限。

4. 接触网成本方面

接触网设备应注意节约有色金属及其他贵重材料，尽可能地降低成本。

总而言之，要求接触网无论在任何条件下，都能给电动列车提供符合要求的电能，使电动列车安全可靠运行。在符合上述要求的情况下，接触网应尽可能地零件标准化、结构简约化、施工精细化、维修简便化、投资减低化，且便于新技术的应用。

四、接触网的供电方式

1. 牵引供电回路

牵引供电回路是由牵引变电所、馈电线、接触网、电动列车、钢轨等组成，如图1-11所示。馈电线是从牵引变电所向接触网输送电能的导线，接触网是通过电动列车受电弓向列车供给电能的导电网（正极），钢轨除了作为走行轨外，还兼作直流供电系统的负极，最终电流回到牵引变电所，形成完整的牵引供电回路。接触网是向电动列车供电的重要组成部分，直接影响列车的安全运行，因此，必须使接触网处于良好的工作状态。

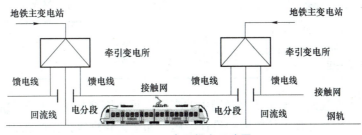

图1-11 牵引供电回路图

2. 接触网的供电方式

两个牵引变电所之间将接触线分成两个供电分区，每个供电分区又称供电臂。接触网的供电方式有单边供电、双边供电、大双边供电等。

每个供电分区只从一端的牵引变电所获得电能的供电方式称为单边供电。每个供电分区同时从两个牵引变电所获得电能的供电方式称为双边供电，如图1-12（a）所示。正常工作状态下，正线接触网即采用双边供电方式。若遇到特殊情况（某中间牵引变电所退出运行），牵引变电所越过自己的供电分区而给另外的变电所供电分区进行供电的方式称为越区供电，也叫大双边供电，如图1-12（b）所示。

单边供电供电分区电气独立，运行灵活，故障范围小，牵引变电所馈线保护装置较简单，但是供电可靠性相对较差；双边供电不仅解决了供电可靠性的问题，而且还提高了接触网电压水平，减少了电能损耗，但具有供电保护设备复杂、故障范围大等缺点；大双边供电是一种特殊的运行方式，主要解决变电所因故障而造成停电的问题。单边供电、双边供电、大双边供电对比见表1-4。

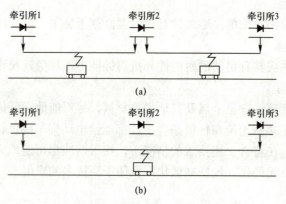

图 1-12 接触网的供电方式
（a）双边供电图；（b）大双边供电图

表 1-4 单边、双边、大双边对比

供电方式	工作原理	优点	缺点
单边	每个供电分区只从一端牵引变电所获得电能	供电分区电气独立,运行灵活,故障范围小,牵引变电所馈线保护装置较简单	供电可靠性相对较差
双边	每个供电分区同时从两个牵引变电所获得电能	提高接触网电压水平,减少电能损耗	故障范围大,保护设备复杂
大双边	越过自己的供电分区而给另外的变电所的供电分区进行供电	特殊的运行方式,解决变电所因故障而造成停电的问题	增大变电所的负荷,对设备安全和供电质量影响较大

本书主要介绍接触网在城市轨道交通中的应用,重点围绕架空式接触网展开。主要介绍接触网的结构及组成,并涵盖接触网的设计、施工和运营管理等方面的知识。

第四节 受电弓及弓网系统

学习内容	受电弓及弓网系统
知识要点	1. 熟悉受电弓的定义; 2. 掌握受电弓的结构; 3. 掌握弓网系统稳定的重要性
能力要点	1. 具有区分不同类型受电弓的能力; 2. 具有初步判断、检测受电弓性能的能力; 3. 具有评价弓网关系稳定性的能力
素质要点	1. 具有分析问题和解决问题的能力; 2. 具有查找资料和获取信息的能力; 3. 具有自我管理的能力; 4. 具有沟通和合作的能力

续表

课程导入	2001年9月22日7:30胶济客专线D601在胶济客专济南东—章丘客运车场下行线K362+648处自动降弓并停车。7:59接触网停电，8:30人员到达现场后发现D601后弓打坏，9:22经处理受电弓恢复供电，10:28扩大巡视发现八涧堡特大桥上K381+900处1435锚柱拉线松脱锚栓被拉出，顺线路方向向青岛侧倾斜约1 m，附近吊弦有脱落，电连接下端打断，12:11—13:25再次临时要点处理后济南东站—章丘客运车场下行线K382+000 m—K381+100 m间，电力机车需降弓通过，本次故障接触网两次停电时间分别为88 min和74 min，共计影响列车20列。
结构框图	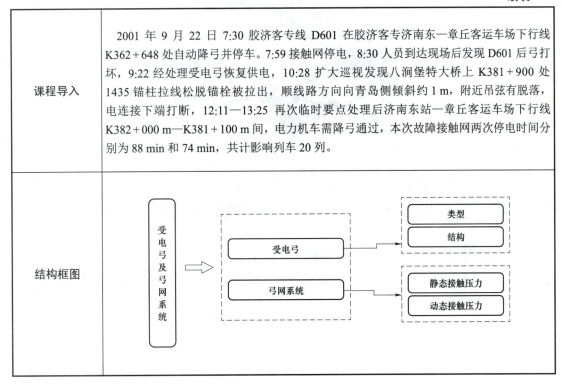

❄ 一、受电弓

受电弓是电动列车从接触网取得电能的电气设备，安装在电动列车车顶上。受电弓可分单臂弓和双臂弓两种，如图1—13所示。受电弓大都由滑板、上框架、下臂杆、底架、升弓弹簧、绝缘子等部件组成。

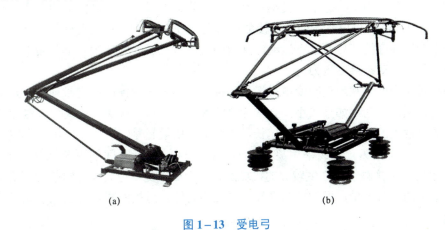

图1—13　受电弓
（a）单臂受电弓；（b）双臂受电弓

近年来多采用单臂弓，图1—14为单臂受电弓的主要结构图。

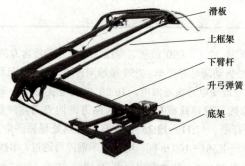

图1-14 受电弓结构

接触线起到接触滑道的作用,它保证将电能不间断地传输到电动列车受电弓上。为了使受电弓滑板的磨耗均匀,接触线与受电弓中心线形成交角,以"之"字形布置,见图1-15。

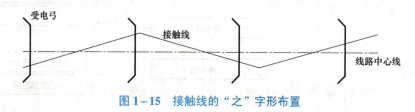

图1-15 接触线的"之"字形布置

二、弓网系统

弓网系统是指由受电弓和接触网组成的电力系统,这个系统可以用来控制电动列车的行、停。弓网系统通过不间断的机械、电气接触向电动列车供电,在满足一定的经济、技术条件下,供电可靠性、接触质量及弓网系统的运行寿命依赖于受电弓和接触网的设计、安装、运行维护及大量参数的选取。从原理上来说,弓网系统最好的情况莫过于让电流从接触网可靠稳定地"流"到受电弓上。为了保证牵引电流的顺利流通,受电弓和接触线之间必须有一定的接触压力。在列车静止状态下,受电弓升弓系统施加于滑板,使之向上的垂直力为静态接触压力(直流1500 V供电系统的标称接触压力为70~110 N);在电动列车运行时,受电弓随着架空接触线高度的变化而上下运动,从而使受电弓在运行中产生一个与其本身归算质量相关的上下交变的动态接触压力。

弓网接触压力能直观地反映受电弓滑板和接触线间的接触情况,它必须符合正态分布规律,在一定范围内波动。如果太小,会增加离线率(受电弓与接触线脱离失去接触的现象称作离线。离线发生的次数越多,时间越长,表明受流质量越差,所以一般用"离线率"来评价列车受流质量的好坏。离线率用离线时间占列车区间运行时间的百分比来表示);如果太大,会使滑板和接触线间产生较大的机械磨耗。为保证受电弓具有可靠的受流质量,应尽量减小受电弓的归算质量,增加接触悬挂的弹性均匀性。滑板的质量和机电性能对受流质量影响很大。

学习单元二

柔性接触网结构与设备

学习内容	柔性接触网结构与设备
学习要点	1. 支柱与基础； 2. 支持装置； 3. 定位装置； 4. 接触悬挂； 5. 其他设备
课程导入	2012年11月18日11时55分左右，上海地铁3、4号线宝山路站线路发生接触网变形故障，导致这2条线路部分区段列车停运，停运区段采用公交短驳。直到13时50分，故障才得以排除，整个影响时间近2小时。通过此案例请同学们体会接触网在城市轨道交通运营中的作用及出现问题后可能造成的影响
结构框图	柔性接触网结构与设备 → 支柱与基础 / 支持装置 / 定位装置 / 接触悬挂 / 其他设备

接触网是沿着轨道线路上空架设的一条特殊形式的输电线。它的特殊性在于电动列车通过受电弓与接触网相互摩擦取流，通过滑动接触传递能量，所以接触网与一般的输电线在工作状态上有着非常大的区别。它不仅要满足能量传输的可靠性，还要有足够的机械稳定性、耐磨性、受流平稳性等特殊的要求。一般来说，习惯将支柱与基础、支持装置、定位装置、接触悬挂称为接触网的四大组成部分，图2-1为接触网的组成结构图。

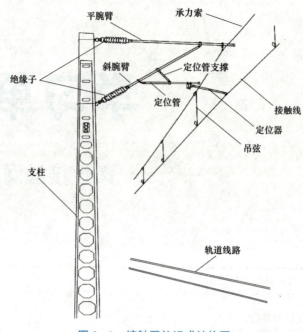

图 2-1 接触网的组成结构图

1. 支柱与基础

支柱与基础用以承受接触悬挂、支持和定位装置的全部负荷，并将接触悬挂固定在规定的位置和高度上。我国接触网中主要采用预应力钢筋混凝土支柱和钢柱，基础是对钢支柱而言的，即钢支柱固定在下面的钢筋混凝土制成的基础上，由基础承受支柱传给的全部负荷，并保证支柱的稳定性。预应力钢筋混凝土支柱与基础制成一个整体，下端直接埋入地下。如图 2-1 中的 1 为支柱。

2. 支持装置

支持装置用以支持接触悬挂，并将其负荷传给支柱或其他建筑物。支持装置包括平腕臂、斜腕臂、绝缘子及其他连接零件，如图 2-1 中的 2、3、10。根据接触网所在区间、站场和大型建筑物需要的不同，支持装置也表现为不同的形式，比如软横跨、硬横跨、桥梁、隧道等特殊支持结构。

3. 定位装置

定位装置包括定位管、定位器、定位线夹及其连接零件，如图 2-1 中 6、8、9。定位装置固定接触线的位置，使接触线在受电弓滑板运行轨迹范围内，保证接触线与受电弓不脱离，并将接触线的水平负荷传给支持装置。

4. 接触悬挂

接触悬挂包括接触线、吊弦、承力索及其连接零件，如图 2-1 中 4、5、7。接触悬挂通过支持装置架设在支柱上，其作用是将获得的电能输送给电动列车。为了保证电动列车能够平稳地取流，接触悬挂应具有以下要求：

（1）接触悬挂的弹性应尽量均匀。接触悬挂的弹性是指接触悬挂在受电弓抬升力作用下所具有的抬高性能。衡量接触悬挂的弹性有两个指标：一是弹性的大小，取决于接触线的张力；二是弹性的均匀程度，取决于接触悬挂的结构、悬挂类型等。

（2）接触线对轨面的高度应尽量相等。如若受到悬挂条件限制，接触线高度在变化时应避免出现陡坡，以免影响接触网的受流质量。

（3）接触悬挂在受电弓压力、风力等作用下应有良好的稳定性。当电动列车运行时，接触线不发生剧烈的上、下振动，影响正常取流。在风力作用下不发生过大的横向摆动，能适应气候的要求。

（4）接触悬挂的结构及零件应轻量化、简单化。接触悬挂（特别是接触线上）的结构及零件应轻巧、简单、规范、可靠，以便于检修、维护等作业。接触悬挂的零件应具有一定的抗腐蚀能力和耐磨性，以延长使用年限。

第一节　支柱与基础

学习内容	支柱与基础
知识要点	1. 了解接触线与输电线区别； 2. 熟悉常见支柱的符号含义； 3. 掌握支柱的不同分类及其特点； 4. 理解现场支柱的材质及用途
能力要点	1. 具有识别支柱符号的能力； 2. 具有区分不同类型支柱的能力； 3. 具有识别现场不同支柱的材质及用途的能力
素质要点	1. 具有分析问题和解决问题的能力； 2. 具有查找资料和获取信息的能力； 3. 具有自我管理的能力； 4. 具有沟通和合作的能力
课程导入	1. 国内不同城市轨道交通支柱的类型及用途等资料。 2. 某区间接触网平面图资料
结构框图	支柱与基础 → 支柱、基础、门形架、支柱的维护；支柱 → 预应力钢筋混凝土支柱、钢支柱、钢管混凝土支柱；中间支柱、锚柱；转换支柱、中心支柱；定位支柱、道岔支柱；软、硬横跨支柱

柔性接触网是沿着轨道交通线路上方架设的一条特殊形式的输电线路，主要由支柱与基础、支持装置、定位装置、接触悬挂等部分组成。

柔性接触网支柱是重要的受力构件，也是一种无备用的户外供电支持装置，经常受到风、雨、雪等恶劣天气的影响，一旦发生故障或事故将直接影响列车的运行，因此接触网支柱的选型要考虑结构的简单性、受力的安全性、材料的经济性、维护的方便性等。

支柱作为接触网结构中应用最广泛的支撑设备，主要用于承受支持装置、定位装置和接触悬挂的负荷，并将接触悬挂固定在规定高度上。

一、支柱

（一）支柱按材质分类

支柱按其使用材质分为预应力钢筋混凝土支柱、钢支柱和钢管混凝土支柱。

1. 预应力钢筋混凝土支柱

预应力钢筋混凝土支柱，简称为钢筋混凝土支柱，是采用高强度的钢筋和高标号的混凝土浇筑而成。在制造时预先使钢筋处于受拉状态，混凝土处于受压状态。当支柱承受负载以后，混凝土里将出现拉应力，它等于弯矩引起的拉应力与预压应力之差，解决了混凝土抗拉能力不足的缺点，使得支柱的负载能力大大提高。钢筋混凝土支柱本身是一个整体结构，不需另制基础，减少了工序和工作量，有利于施工。

钢筋混凝土支柱与钢柱相比，具有节省钢材、造价低廉、整体性强、使用寿命长、运营中不需要进行维护等优点，但同时也具有重量大、运费高、经不起碰撞等缺点，因此在运输、安装、施工中应小心谨慎，尤其是高架桥上使用受限制，损坏后不易更换。

钢筋混凝土支柱按外观形态分为 H 形钢筋混凝土支柱和等径圆形钢筋混凝土支柱，如图 2-2 所示。上海地铁一号线、二号线及广州地铁一号线等采用等径预应力钢筋混凝土支柱。

图 2-2 钢筋混凝土支柱

（a）H 形钢筋混凝土支柱；（b）圆形钢筋混凝土支柱

钢筋混凝土支柱常见型号表示如式（2-1）、式（2-2）所示：

$$H\frac{38}{8.7+2.6} \tag{2-1}$$

式中　H——钢筋混凝土支柱；

38——垂直线路方向支柱容量，kN·m；

8.7——支柱露出地面以上长度，m；

2.6——支柱埋入地面以下长度，m。

$$H\frac{48-25}{8.7+3} \qquad (2-2)$$

式中　H ——钢筋混凝土支柱；

48——垂直线路方向支柱容量，kN·m；

25——顺线路方向支柱容量，kN·m；

8.7——支柱露出地面以上长度，m；

3——支柱埋入地面以下长度，m。

等径圆型钢筋混凝土支柱常见型号表示如式（2–3）所示：

$$\phi 400\frac{80}{11+3} \qquad (2-3)$$

式中　$\phi 400$ ——支柱直径，mm；

80——垂直线路方向支柱容量，kN·m；

11——垂直线路方向支柱容量，kN·m；

3——垂直线路方向支柱容量，m。

2. 钢支柱

在接触网工程中，钢支柱被大量利用，特别是跨越股道比较多，需要支柱高度较高、容量较大的软横跨、硬横跨，也可作为桥梁墩台上安装的桥支柱。钢支柱是立在以钢筋混凝土浇成的基础之上，基础用以稳定钢柱不倾斜及下沉。配合不同支柱类型及土壤性质，有不同基础类型以适应不同悬挂受力要求。

钢支柱是以角钢焊成的桁架结构，具有重量轻、强度高、抗碰撞、安装运输方便等优点，但存在用钢量大、造价高、耐腐蚀性能差，需定期进行除锈、涂漆防腐，且维修不便等缺点。从节约钢材及方便运营维护的角度出发，钢支柱多制成立体桁架形式。

钢支柱主要分为等径钢管支柱、锥形钢管支柱、H形钢支柱、格构式钢支柱等多种，图2–3为格构式钢支柱和等径钢管支柱。

(a)　　　　　　　　　(b)

图 2–3　钢支柱

（a）格构式钢支柱；（b）等径钢管支柱

等径钢管支柱截面尺寸较小,一般单支柱外径为 300~350 mm。支柱上下截面一致,配套零件易于标准化,可以采用埋弧自动焊接制成,也可直接采用无缝钢管制造。总体造价适中,适用于各种柱型。图 2-4(a)所示为等径钢管支柱。

锥形钢管支柱截面尺寸也较小,一般单支柱外径为 300~400 mm。采用埋弧自动焊接制成,制造比较简单,机械化程度高。锥形钢管支柱可以根据实际受力大小设计选用合适的支柱直径,通过调整壁厚使支柱外径统一,有利于零件标准化,总体造价适中。与等径钢管支柱相比,锥形钢管支柱适应接触网支柱上部弯矩小、下部弯矩大的特点,能使材料充分、合理地得到利用,减少工程投资,同时也避免了采用等径钢管支柱而带来的材料浪费。国内上海明珠线、南京地铁等采用了锥形钢管支柱。

H 形钢支柱截面尺寸小,一般为 250 mm×250 mm~300 mm×300 mm,适合于在线间距离小的地点使用。H 形钢支柱上下截面一致,配套零件易于标准化,国内香港新机场线、天津轻轨等采用了 H 形钢支柱,图 2-4(b)为 H 形钢支柱。

(a)　　　　　　　　　　　　(b)

图 2-4　钢支柱

(a)等径钢管支柱;(b)H 形钢支柱

格构式钢支柱外形尺寸较大,柱底尺寸一般为 600 mm×400 mm~1 800 mm×1 000 mm,占用空间多,在桥上安装时有一定限制,不宜用于高架桥。由于杆件多,下料、放样、焊接、防腐等制造工艺比较复杂,美观性稍差,故在线路中基本不采用,但其结构性能优良,材料布置合理,在各种支柱中重量最轻,造价较低,尤其适用于大跨度软横跨、硬横跨中,故在停车场、车辆段经常采用。

钢支柱的型号表示如式(2-4)、式(2-5)、式(2-6)所示:

$$G\frac{50}{9.5} \tag{2-4}$$

式中　G——钢支柱;
　　　50——垂直线路方向支柱容量,kN·m;
　　　9.5——钢柱的高度,m。

$$G_m\frac{150}{13}\phi300 \tag{2-5}$$

式中　φ300——支柱直径，mm；
　　　150——垂直线路方向支柱容量，kN·m；
　　　13——钢柱的高度，m；
　　　G_m——钢锚柱。

$$GH\frac{240A}{11} \quad (2-6)$$

式中　240A——截面尺寸；
　　　11——钢柱的高度，m；
　　　GH——H形钢支柱。

3. 钢管混凝土支柱

钢管混凝土支柱是近年研制成功的一种新型钢-混凝土复合结构支柱，这种支柱外层是薄壁钢管，内层是通过高速离心力作用后形成的具有一定厚度的混凝土层。钢管混凝土结构充分发挥了钢和混凝土这两种材料的物理力学特性。它除具有钢管柱的外形轻盈美观、线条流畅等特点外，主要优点是可节省钢材，降低造价，同时由于其壁内是混凝土层，很好地解决了钢管柱的内防腐问题，并且抗弯及抗扭强度和刚度都很大。其缺点是相对钢管柱自重大，且外壁多以热喷锌防腐为主，若采用热浸镀锌防腐，生产加工工艺要复杂一些。钢管混凝土柱多用于电力系统的输电线路杆塔、变电所构架和通信工程中的发射塔等，目前在城市轨道交通中还没有应用。

不同类型支柱特点比较见表2-1。

表2-1　不同类型支柱特点比较

类型	预应力钢筋混凝土支柱	钢支柱	钢管混凝土支柱
分类	H形钢筋混凝土支柱和等径圆形钢筋混凝土支柱	等径钢管支柱、锥形钢管支柱、H形钢支柱、格构式钢支柱等	
优点	减少金属材料的使用，成本低，使用寿命长等	重量轻，强度大，耐碰撞等	外形美观，节省钢材，解决内防腐问题，强度大等
缺点	比较笨重，碰撞易损伤	用钢量大，造价高，耐腐蚀性差等	自重大，外壁防腐问题等
代表符号	$H\dfrac{38}{8.7+2.6}$	$G\dfrac{50}{9.5}$	
适用情况	锚柱、转换柱、软硬横跨等	锚柱、大跨度软硬横跨等	无应用

（二）支柱按用途分类

支柱按其用途可分为中间支柱、转换支柱、中心支柱、锚柱、定位支柱、道岔支柱、软横跨支柱、硬横跨支柱及桥梁支柱等几种。图2-5为以上各种支柱安设位置图。

1. 中间支柱

中间支柱布置在两相邻锚段关节之间，支持一支接触悬挂，并把承力索和接触线定位在所要求的位置上。它是用量最多的结构形式，在区间和站场上广泛使用。在线路的直线区段，支柱一般立于线路的同一侧,但是接触线需要按照之字形布设,其拉出值一般在支柱点处要变换方向,所以定位为一正一反,图2-6为中间支柱正定位和反定位。

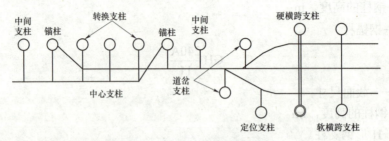

图 2-5　各种支柱安设位置图

图 2-6　中间支柱正定位和反定位

(a)正定位；(b)反定位

图 2-7　锚柱

2. 锚柱

锚柱布置在锚段关节处或其他接触网下锚的地方,位于锚段的终端。它承受来自两个方向的负荷,垂直线路方向起到中间支柱的作用,顺线路方向承受接触悬挂下锚的全部拉力。图2-7为锚柱。

3. 转换支柱

转换支柱位于锚段关节处两棵锚柱之间,它同时支持两支接触悬挂,一支为工作支,另一支为非工作支。工作支的接触线与受电弓接触,非工作支的接触线抬高,不与受电弓接触,通过转换柱拉向锚柱下锚。图2-8为转换支柱。

图 2-8　转换支柱

4. 中心支柱

在四跨锚段关节的两个转换支柱之间的支柱为中心支柱，它同时承受两个工作支接触悬挂的重力和水平力，并使两工作支在此定位处呈水平状，且使两支接触线线间距离符合技术要求，见图2-9。

5. 定位支柱

定位支柱多设置于站场两端。当接触线由于某些原因对线路中心偏移过大时，为确保电动列车受电弓正常取流不发生脱弓事故而专门设立定位支柱。它只承受接触线水平分力不承受垂直分力。

6. 道岔支柱

道岔支柱设置于站场两端的道岔处，为使接触线线岔符合技术的规定位置，故设立道岔支柱，见图2-10。

图2-9 中心支柱

图2-10 道岔支柱

7. 软横跨支柱

软横跨支柱一般用于跨越多股道的站场上，由于受力较大，多选用容量较大的支柱，跨越5股道及以下的软横跨柱可用钢筋混凝土支柱，5股道以上软横跨则采用钢柱，见图2-11（a）。

8. 硬横跨支柱

硬横跨亦称为硬横梁，多用于全补偿链形悬挂的站场上，一般是为固定承力索中心锚结绳而设立的。在某些特殊地段，如站场伸入高架桥梁上时，用双线路腕臂支柱或软横跨都不方便时，可考虑采用硬横跨，硬横跨支柱为钢柱，见图2-11（b）。

(a)

(b)

图2-11 横跨支柱
（a）软横跨；(b) 硬横跨

不同用途支柱的位置及作用见表 2-2。

表 2-2 不同用途支柱的位置及作用

类型	位置	作用
中间支柱	两相邻锚段关节之间	承受一支接触悬挂
锚柱	锚段关节处或其他接触网下锚的地方	承受两个方向的负荷
转换支柱	锚段关节处两棵锚柱之间	承受两支接触悬挂，一支为工作支，另一支为非工作支
中心支柱	锚段关节处两个转换柱之间	承受两支接触悬挂，均为工作支
定位支柱	站场两端	只起定位作用
道岔支柱	站场两端的道岔处	满足线岔要求
软横跨支柱	跨越多股道的站场上	承受软横跨
硬横跨支柱	跨越多股道的站场上	承受硬横跨

二、基础

基础承受支柱所传递的力矩并传给土体，起支持作用。基础是对钢支柱而言的，即钢支柱固定在下面的钢筋混凝土制成的基础上，由基础承受支柱传给的全部负荷，并保证支柱的稳定性。预应力钢筋混凝土支柱与基础制成一个整体，下端直接埋入地下。

图 2-12（a）为混凝土支柱直埋式基础，图 2-12（b）为混凝土预制基础。

图 2-12 基础

（a）混凝土支柱直埋式基础；（b）混凝土预制基础

基础按照外形分为工字形、锥形、单阶梯形、多阶梯形，见图 2-13。

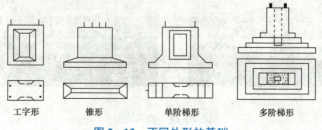

图 2-13 不同外形的基础

三、门形架

城市轨道交通在高架段大量使用门形架代替支柱来支持固定接触网其他设备,见图2-14。

门形架由横梁梁段、梁柱接头、左梁、预埋地脚螺栓、横梁连接套管、右柱组成。门形架也用于站场和车辆段,固定多股线路上的接触悬挂设备,其实就是硬横跨中的圆形钢管支柱。门形架结构示意图见图2-15。

图 2-14 轻轨高架使用的门形架

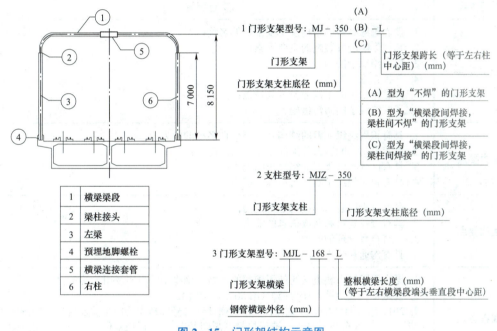

图 2-15 门形架结构示意图

四、支柱的维护

混凝土支柱维护标准要求:

支柱表面光洁平直,每米长度内局部麻面和粘皮面积不大于局部长度总面积5%,允许修补;

合缝处不应漏浆,当漏浆深度不大于主筋保护层厚度,累计长度不大于柱长10%时,允许修补;

柱端不应碰伤或漏浆,碰伤或漏浆不大于周长的1/4,纵向长度不大于50 mm,允许修补;

不得有环向或纵向裂纹;

内外表面不得露筋。

钢柱维护标准要求:

钢柱的角钢不应有弯曲、扭转现象；

焊接处无裂纹；

基础螺栓孔偏差不得大于±2 mm；

主角钢弯曲度不应大于 1/750；

油漆防腐的钢柱漆层完整无脱落、无锈蚀；

热浸镀锌的钢柱，锌层均匀、光滑，连接处不得有露铁、毛刺锌瘤等。

第二节 支 持 装 置

学习内容	支持装置
知识要点	1. 熟悉绝缘腕臂的结构及主要部件的名称； 2. 掌握影响腕臂装配的主要因素； 3. 熟悉绝缘子的构造； 4. 掌握绝缘子的两大性能； 5. 熟悉绝缘子的不同分类及其特点； 6. 了解绝缘子的防污措施
能力要点	1. 具有识别绝缘腕臂的结构及主要部件名称的能力； 2. 具有说明影响腕臂装配的主要因素的能力； 3. 具有区分不同类型的绝缘子的能力； 4. 具有说明绝缘子的防污措施的能力
素质要点	1. 具有分析问题和解决问题的能力； 2. 具有查找资料和获取信息的能力； 3. 具有自我管理的能力； 4. 具有沟通和合作的能力
课程导入	1. 国内不同城市轨道交通使用腕臂的类型、绝缘子的材质及用途等资料。 2. 规范资料《地铁设计规范》GB 50157—2013。 3. 2011 年 8 月 14 日 11 时 32 分，广州地铁二号线越秀公园站前发现接触网绝缘子打火花，11 时 36 分再次打火，造成接触网瞬间断电，8 s 后恢复供电。地铁公司立即组织应急处理，当时一列列车正通过越秀公园站，经检查该车未受影响。请大家分析应如何减少此类问题的发生及发生后应如何应对
结构框图	支持装置 → 腕臂 → 腕臂作用及要求／影响腕臂装配的因素；绝缘子 → 绝缘子的构造／绝缘子的性能／绝缘子的分类／绝缘子的防污

支持装置用以支持接触悬挂，并将其负荷传给支柱或其他悬挂的全部设备，根据接触网所在区间、站场等位置而有所不同。支持装置包括腕臂、绝缘子、水平拉杆及其他连接零件。

本节只介绍前两者。图 2-16 所示为支持装置结构图。

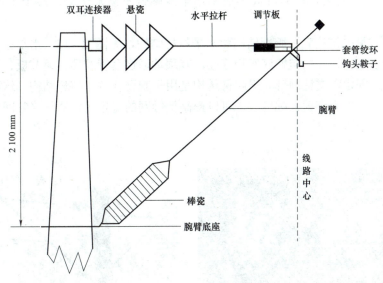

图 2-16 支持装置结构图

一、腕臂

1. 腕臂作用及要求

腕臂是从支柱上伸出的由一根或几根组成的支持结构，水平的称为平腕臂，倾斜的顾名思义为斜腕臂，见图 2-17。腕臂一般使用圆形钢管或用槽钢、角钢加工制成，用以支持接触悬挂，并起传递负荷的作用。

图 2-17 腕臂结构

腕臂应具有足够的机械强度，结构尽量简单、轻巧，易于施工安装和维修更换。腕臂的选用应保证技术要求，并力求经济合理。根据腕臂与支柱之间是否绝缘分为绝缘腕臂和非绝缘腕臂两类。

（1）绝缘腕臂。

绝缘腕臂是目前广泛采用的结构形式。平腕臂或水平拉杆、斜腕臂均通过绝缘子与支柱绝缘，故称为绝缘腕臂。绝缘腕臂用圆形钢管加工制成，结构简单灵巧，技术性能好，施工安装和运营维护方便，方便带电作业。由于绝缘子安装在靠支柱侧，减少了对支柱容量和高度的要求，从而降低了成本。绝缘腕臂不易被污染，减少了绝缘子的清扫和维护工作量。

绝缘腕臂常见的结构有平腕臂结构和水平拉杆结构，见图 2-18。水平拉杆结构根部通过绝缘子与安设在支柱上的腕臂底座相连接，其顶端通过套管绞环、调节板、水平拉杆（或压管）及绝缘子固定在支柱顶部。平腕臂结构是用平腕臂代替了拉杆结构，这种结构抗风性能好，结构稳定，受力合理，强度大，可以提高接触网的稳定性，降低接触网的故障率，并有利于改善弓网受流质量。

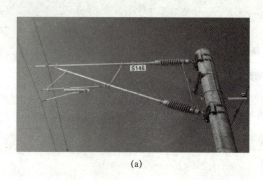 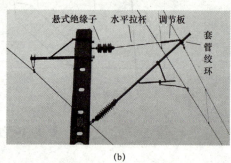

图 2-18 绝缘腕臂
（a）平腕臂结构；（b）水平拉杆结构

（2）非绝缘腕臂。

非绝缘腕臂是指腕臂不经绝缘子而是直接装设在支柱上。可用角钢、槽钢、工字钢等焊接加工制成。非绝缘腕臂一般水平安设，通过斜拉杆固定在支柱上，其结构较复杂、笨重，施工安装和运营维修困难，不便开展带电作业，而且要求支柱容量高，应尽量避免采用。非绝缘腕臂见图 2-19。

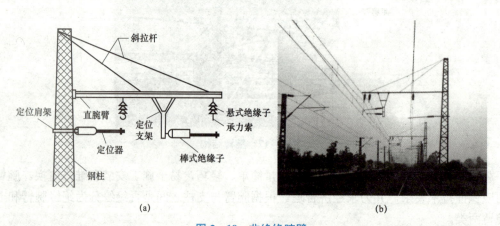

图 2-19 非绝缘腕臂
（a）结构图；（b）实物

绝缘腕臂与非绝缘腕臂对比见表 2-3，由表可见绝缘腕臂具有非常大的优势，应用广泛。

表 2-3 绝缘腕臂与非绝缘腕臂的对比

类型	结构	施工安装	后期维护	带电作业	造价
绝缘腕臂	简单灵巧	方便	方便	方便	低
非绝缘腕臂	笨重复杂	困难	困难	不便	高

2. 影响腕臂装配的因素

腕臂不仅要有足够的机械强度，结构尽量简单轻巧，还要满足一定的技术要求，比如跨越线路股道的数目、接触悬挂的结构高度、支柱侧面限界和支柱所在位置（即支柱设在直线上还是设在曲线区段）。腕臂跨越股道数目越多，接触悬挂结构高度越高；支柱侧面限界越大，则腕臂的长度就越大。图 2-20 所示为腕臂施工装配。

图 2-20 腕臂施工装配

（1）导高。

导高是指接触线无弛度时定位点处（或悬挂点处）接触线距轨面的垂直高度，一般用 H 表示，见图 2-21。露天地上线路接触线距轨面的最低高度为 4 600 mm，困难地段应不低于 4 400 mm；车辆综合基地的地上线路接触线距轨面高度宜为 5 000 mm，隧道内接触线距轨面的高度应不小于 4 040 mm。特殊情况下，架空接触线距轨面的最低高度和最高高度应根据受电弓工作范围确定。

铁路轨道交通站场和区间（含隧道）接触线距轨面的高度宜取一致，其最低高度应不小于 5 700 mm；编组站和区段站等配有调车组的线、站，正常情况可不小于 6 200 mm，确有困难时应不小于 5 700 mm。既有隧道内正常情况应不小于 5 700 mm；困难情况应不小于 5 650 mm；特殊情况应不小于 5 330 mm。对于客运专线，因为不存在超限货物列车通过问题，为了提高接触悬挂稳定性，导高较低，一般采用 5 000～5 500 mm。

（2）结构高度。

结构高度是指接触线悬挂点处承力索和接触线的铅垂距离，用 h 表示，见图 2-21。城市轨道交通柔性接触网的结构高度一般为 1 100 mm。电气化铁路接触网的结构高度一般取 1 100～1 400 mm，目前多用 1 400 mm。隧道内结构高度一般为 450～550 mm，不得低于 300 mm。结构高度过小，会在吊弦处形成硬点，甚至在受电弓通过时，在跨中使接触线与承力索相碰撞。同时，结构高度偏低，欲改善悬挂工作状态，必然会增加滑动吊弦的使用数量。

（3）支柱侧面限界。

支柱侧面限界指轨面处，支柱内缘至线路中心的距离，一般用 CX 表示，见图 2-21。侧面限界必须大于 2 440 mm。线路一侧设置接触网支柱时，接触网系统最大突出点与设备限界之间的安全间隙应不小于 100 mm。

图 2-21 H、h、CX

二、绝缘子

绝缘子是接触悬挂的主要部件之一，用于电气绝缘以隔离带电体和非带电体，使接触悬挂对地保持电气绝缘。绝缘子在接触网结构中，不仅起着电气绝缘的作用，而且还承受着一定的机械负荷。因此，要求绝缘子不但要有一定的电气绝缘性能，而且还要有一定的机械强度。

1. 绝缘子的构造

绝缘子主要由钢连接件和绝缘部分组成，连接件是为了方便与其他金具连接，见图 2-22。目前采用的绝缘子大多是瓷质的，在瓷土中加入石英和长石烧制而成，表面涂一层光滑的釉质，防止水分渗入。另外，由于绝缘子要承受机械负荷，故钢连接件与瓷体间要用高标号水泥浇注成一体，以保证足够的机械强度。

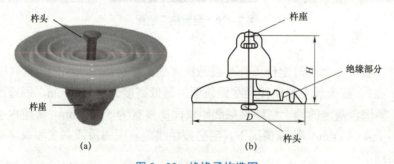

图 2-22 绝缘子构造图
(a) 实物；(b) 结构图

2. 绝缘子的性能

绝缘子的性能包括电气性能和机械性能。

（1）电气性能。

绝缘子的电气性能用干闪电压、湿闪电压、击穿电压和绝缘泄漏距离表示。

① 干闪电压指绝缘子表面干燥状态时，施加电压使其表面达到闪络时的最低电压。

② 湿闪电压指雨水在降落方向与绝缘子表面成 45°角淋在其表面时，使其闪络的最低电压。绝缘子发生闪络时，实际上是沿绝缘子表面放电的发展，导致了绝缘子表面的空气击穿，而绝缘子本身没有击穿，绝缘子没有受损害，气体绝缘击穿后都能自己恢复绝缘性能。所以，闪络消失后，绝缘子的绝缘性能即可恢复，可以继续使用。但发生闪络后，其绝缘性能有所下降，易再次发生闪络。图 2-23 所示为绝缘子闪络情况。

图 2-23 绝缘子闪络

③ 击穿电压指瓷体被击穿损害而失去绝缘作用的最低电压。瓷体被击穿后不能继续使用，应更换。击穿电压至少应比干闪电压高 1.5 倍。绝缘子发生击穿时，绝缘遭到急剧破坏，丧失了绝缘性能，不能再使用。图 2-24 所示为绝缘子击穿。

图 2-24 绝缘子击穿

④ 绝缘泄漏距离指沿绝缘表面放电的距离，也称"爬距"。泄漏距离是反映绝缘子绝缘水平的重要参数，泄漏距离越大，绝缘子的耐污性能越好。

随着时间延长，绝缘子的绝缘强度会逐渐下降，这种现象称为老化。为保证绝缘可靠，在使用中每年至少应进行一次绝缘子电压分布测试，检查绝缘性能是否正常可靠。

（2）机械性能。

绝缘子除起到电气绝缘作用外，还承受拉伸、压缩、弯曲、振动等机械负荷。因此，要求绝缘子有一定的安全系数，一般绝缘子安全系数规定为 2.5~3。

3. 绝缘子的分类

（1）按材质分类。

绝缘子按材质分主要分为瓷绝缘子、钢化玻璃绝缘子和复合绝缘子三种，见图 2-25。

① 瓷绝缘子（图 2-25（a））。瓷绝缘子的绝缘材料是电瓷，表面有一层光滑的釉质。要求绝缘子质地紧密均匀，不能有裂纹或气孔。瓷绝缘子生产成本低、价格便宜，具有良好的绝缘和耐热性能，且运行经验丰富，是轨道交通主要的绝缘子类型。但其也存在重量过大、缺乏弹性、运营维护费用较大、在防污和可靠性方面有待提高等缺点。

② 钢化玻璃绝缘子（图 2-25（b））。采用钢化玻璃作为绝缘材料具有零值自破、自洁性好、不易老化、维护方便等优点，但同时由于其自爆率较高的问题影响了线路运行的可靠性。

③ 复合绝缘子（图 2-25（c））。这是一种新型的绝缘子类型，由芯棒和伞套组成。芯棒用玻璃纤维束经树脂浸渍而成，具有很高的抗拉强度，芯棒外部的护套和伞裙一般由硅橡

胶材料制成，能提供良好的绝缘性能。复合绝缘子重量轻、强度大，抗弯、抗拉性能好，绝缘性能好，且易于运输和安装。

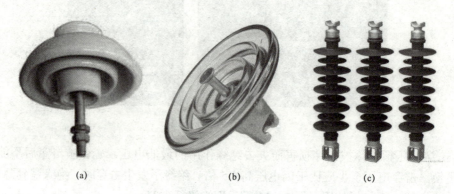

图 2-25 绝缘子
（a）瓷绝缘子；（b）钢化玻璃绝缘子；（c）复合绝缘子

（2）按结构分类。

绝缘子按结构分为悬式绝缘子、棒式绝缘子和针式绝缘子三种。

① 悬式绝缘子（图 2-26）。悬式绝缘子使用最广泛，主要用于绝缘承受张力的场合，如线索下锚、水平拉杆、软横跨、隧道内、馈线、锚段关节等处。主要由钢帽、杵头/耳环、瓷体三部分组成，钢帽和杵头（耳环）间夹着瓷体。悬式绝缘子多用于接触网中。根据连接件的状态又可分为杵头式和耳环式两种悬式绝缘子。

图 2-26 悬式绝缘子

② 棒式绝缘子（图 2-27）。棒式绝缘子用于承受压力和弯矩的地方，一般用于绝缘腕臂、隧道定位等场合。

图 2-27 棒式绝缘子

③ 针式绝缘子（图 2-28）。针式绝缘子承受线索不同方向的负荷，将线索固定，并对地起电气绝缘作用，多用于回流线、保护线及跳线等。

图 2-28 针式绝缘子

4. 绝缘子的防污

绝缘子表面积污的主要原因有大气湿度、环境污染等。绝缘子表面积污易造成闪络事故发生，也称"污闪"，见图 2-29。污闪严重了影响接触网供电的可靠性，在实际运行中可通过采用防污绝缘子、半导体釉绝缘子、新型复合绝缘子等措施来加以解决。

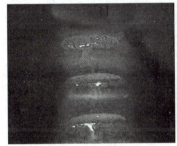

图 2-29 绝缘子污闪过程

第三节 定位装置

学习内容	定位装置
知识要点	1. 熟悉定位装置的结构及主要部件的名称； 2. 掌握常见的定位方式； 3. 熟悉之字值和拉出值的大小； 4. 计算直线之字值和曲线拉出值； 5. 掌握之字值和拉出值的检调方法
能力要点	1. 具有识别正、反定位的能力； 2. 具有计算直线之字值和曲线拉出值的能力； 3. 具有检调之字值和拉出值的能力
素质要点	1. 具有分析问题和解决问题的能力； 2. 具有查找资料和获取信息的能力； 3. 具有自我管理的能力； 4. 具有沟通和合作的能力

续表

课程导入	1. 仔细观察轨道交通线路中常见的定位方式以及直线段与曲线段定位点的不同等相关资料。 2. 2008年9月，兰武二线打柴沟车站25#道岔支柱处定位器坡度不够，造成双机牵引的第二列电力机车受电弓被打掉，中断行车一小时十五分钟。通过此案例请同学们体会定位系统在接触网中的作用及出现问题后可能造成的影响。 3. 甲作业组在某区间104~108#支柱间综合检修，调整拉出值，当检调到106#支柱定位时，实测接触线定位点距线路中心距离为80 mm，且接触线定位投影在线路中心至外轨之间，测得外轨超高为115 mm，导高为6 000 mm，查接触网平面图可知该定位标准拉出值为400 mm，曲线半径为800 m。工作领导人让操作人将该定位向外轨侧再拉160 mm。结果作业组作业结束消令后，第一趟电力机车通过时即发生了弓网事故，请分析弓网事故发生的原因
结构框图	定位装置 → { 定位装置作用及要求 → { 定位管 / 定位器 / 定位线夹 / 定位环 }；定位装置结构；定位方式 → { 正定位 / 反定位 / 软定位 / 组合定位 }；之字值与拉出值 → { 拉出值的大小 / 拉出值的检调 / 拉出值的计算 } }

❄ 一、定位装置作用及要求

1. 作用

为了使电动列车受电弓滑板在运行中与接触线良好地接触取流，需将接触线按受电弓的运行要求进行定位，这种对接触线进行定位的装置称为定位装置。定位装置主要作用是对接触线进行横向定位，使接触线始终在受电弓滑板的工作范围内，保证受电弓磨耗均匀、良好取流。图2-30为长春轻轨3号线。

2. 技术要求

定位装置对于接触悬挂的工作性能及电动列车受电弓的工作状态有很大影响，因此，对定位装置的要求是：

（1）定位装置应保证将接触线固定在要求的位置上；

（2）动作要灵活，当温度变化，接触线沿顺线路发生移动时，定位装置应能灵活地随接触线沿线路方向相应移动；

图 2-30　长春轻轨 3 号线

（3）重量应尽量轻，定位点弹性良好，当电动机车受电弓通过时，能使接触线均匀抬升，不形成硬点；

（4）具有一定的风稳定性，在受风时，保证定位状态的稳定性。

二、定位装置结构

定位装置由定位管、定位器、定位线夹及定位环等组成，见图 2-31。

图 2-31　定位装置结构

1. 定位管

定位管的作用是固定定位器并且使其在水平方向便于调节。定位管有普通定位管和 T 形定位管两种类型。普通定位管是用镀锌钢管加工制成的，尾部有定位钩，定位钩通常通过定位环固定在腕臂上，见图 2-32（a）。T 形定位管又称套筒式定位管，它与普通定位管的尾部不同，加焊了一段套管，便于与棒式绝缘子配套并增加其尾部的机械强度，见图 2-32（b）。

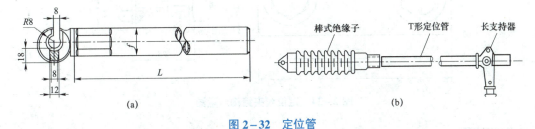

图 2-32　定位管
（a）普通定位管；（b）T 形定位管

设置定位管是为了定位器在水平方向和坡度方向上便于调节，使定位装置结构较灵活，增加定位点的弹性。定位管的长度和外径的选用是根据支柱所在的位置和定位管受力情况而确定的。定位管安装应呈水平状态,当定位管较长时,为了保证其水平状态可将其端部用铁线吊住。

2. 定位器

定位器是定位装置中关键的部件,作用是通过定位线夹把接触线按照设计标准拉出值的要求固定在一定位置,保证接触线工作面平行于轨面,并承受接触线的水平力。定位器从形态上可分为直管定位器、弯管定位器、特型定位器等几种常用的定位器,如图2-33所示。

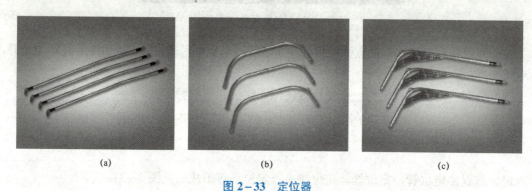

图 2-33 定位器
(a)直管定位器;(b)弯管定位器;(c)特型定位器

轨道交通运行速度较低,除在地面或高架的曲线半径较小的情况下使用定位器外,一般定位装置很少单独采用定位器,均是把各个部件进行安装组合,便于零部件更换调整,灵活性较强。

3. 定位线夹

定位线夹在接触线定位处用来连接接触线和定位器,适用于截面积为 120 mm²、110 mm²、85 mm² 等的铜接触线。其由两面组成,一面为有环夹板,另一面为无环夹板,通过螺栓连接,安装时必须把线夹入槽,紧固扭力为 25 N·m,注意有环夹板处于受力方向的外侧。定位线夹结构见图 2-34。

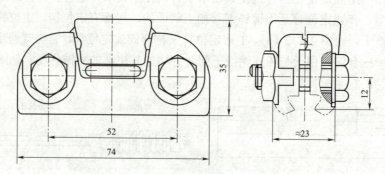

图 2-34 定位线夹结构示意图

4. 定位环

定位环的安装高度应保证定位器的坡度。图 2-35 为定位环,图 2-36 为定位环与定位管安装位置及工作位置。

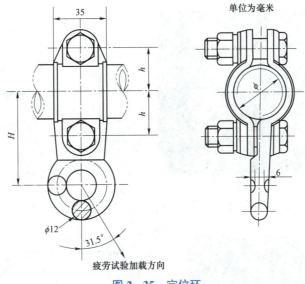

图 2-35 定位环

图 2-36 定位环与定位管安装位置及工作位置

三、定位方式

根据支柱的位置不同采取不同的组合方式进行定位,目的是使定位器始终处于受拉状态。定位方式主要分为正定位、反定位、软定位、组合定位等几种。

1. 正定位

通过定位管和定位器将接触线拉向支柱侧的定位方式称为正定位。这种定位装置应用十分广泛,在直线区段或曲线半径较大的区段采用此种方式。定位器的一端利用定位线夹固定接触线,另一端通过定位钩与定位管衔接,定位管又通过定位环固定在腕臂上。采用这种定位方式的定位装置由直管定位器和定位管组成,见图 2-37。

2. 反定位

反定位一般用于曲线内侧支柱或直线区段"之"字值方向与支柱位置相反的地方。定位器附挂在较长的定位管上,呈水平工作状态,见图 2-38。

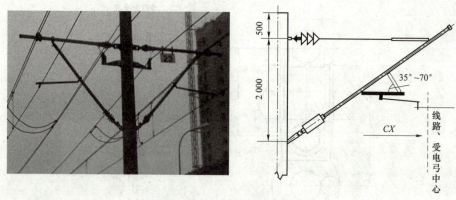

图 2-37 直线区段中间支柱正定位

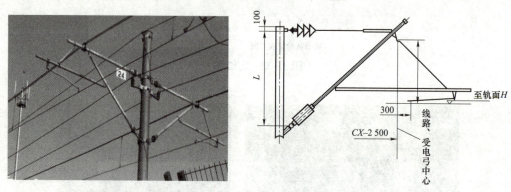

图 2-38 直线区段中间支柱反定位

3. 软定位

软定位是由一根弯管定位器通过两股 $\phi 4$ mm 的镀锌铁丝拧成的"软尾巴"固定在绝缘腕臂的定位环里，见图 2-39。软定位只能承受拉力，不能承受压力，一般用于曲线半径 $R \leqslant 1\ 000$ m 的曲线外侧支柱上。为了避免拉力过小使定位器下落，经过计算规定其曲线拉力在抵消反方向的受风之后，须维持在 200 N 以上。

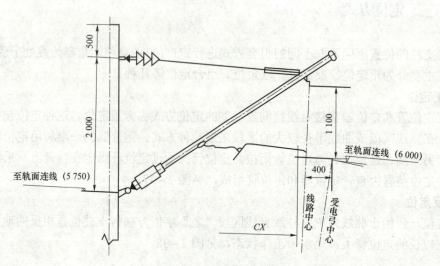

图 2-39 中间支柱软定位

4. 组合定位

组合定位用于锚段关节的转换支柱、中心柱及站场线岔处的定位，见图 2-40。这些地方均有两根接触线在同一支柱处分别固定在要求的位置上。组合定位的方式较多，各种组合定位的作用也不相同，需要根据不同的要求去选择。

图 2-40 转换支柱的双定位

四、之字值与拉出值

定位器将接触线固定在正确的位置上就叫定位，定位器、定位线夹与接触线固定处叫定位点。定位点至受电弓中心运行轨迹的水平距离，在直线区段称为之字值，在曲线区段称为拉出值，一般用符号"a"表示。之字值和拉出值的作用是使受电弓滑板磨耗均匀并可靠接触，防止发生脱弓和刮弓事故。

1. 拉出值的大小

接触线的拉出值的大小由电动列车受电弓最大允许工作范围（950 mm）、线路情况、行车速度等因素决定，图 2-41 所示为受电弓及受电弓滑板。

图 2-41 受电弓及受电弓滑板
（a）轻轨车上的受电弓；（b）受电弓滑板

在城市轨道交通直线区段，线路中心线与电动列车受电弓中心线重合，接触线沿线路中心线上空呈"之"字形对称布置。柔性接触网的拉出值标准为±200 mm；刚性接触网在沿轨道 500 m 范围内的拉出值宜为±200 mm～±250 mm，200 m 范围内的拉出值宜为±180 mm。之字值的正负表示定位点处接触线的位置，当定位点位于线路中心线和支柱之间时，记为正，否则记为负。

在曲线区段，为解决电动列车运行时产生的离心力，将曲线外侧轨面抬高，称为外轨超高。图 2-42 为曲线段列车运行时受力分析情况。曲线外轨超高值同列车运行速度和曲线半径大小有关，在现场，超高值一般标记在曲线内侧。曲线段由于外轨超高，使电动列车向曲线内侧倾斜，造成受电弓中心与线路中心不重合，产生一个偏移距离（符号"c"表示），拉出值（符号"a"）在曲线段上会随曲线半径不同而有所差异，一般为 150～400 mm，具体数值需查阅接触网设计平面图。

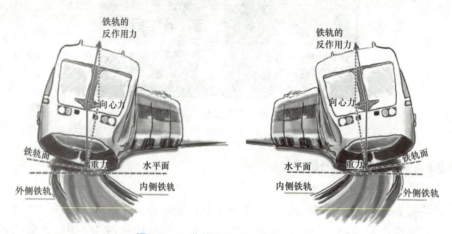

图 2-42 曲线段列车运行受力分析

2. 拉出值的检调

由于电动列车运行过程中受电弓产生的振动会造成定位装置上零部件的松脱，从而使拉出值变化，故一般会在春秋两季（接近设计平均温度）根据接触网设计平面图对接触网的拉出值进行检调。现场对接触线拉出值（之字值）的检调，借助于线坠和道尺（图 2-43），以方便地确定接触线与线路中心线之间的水平距离。

图 2-43 线坠和道尺

（1）直线区段检调。

在直线区段，由于线路中心线和受电弓中心线重合，故检调时可以直接通过测量定位点处接触线的垂直投影距线路中心线的距离来确定之字值。图2-44为直线段检调理论图示。

（2）曲线区段理论。

在曲线区段，由于线路外轨超高，电动列车倾斜使得受电弓中心线和线路中心线不重合，产生了一定的偏斜距离，故在检调过程中，无法直接测量定位点处接触线距受电弓中心线的水平距离（即 a 值），只能通过定位点处接触线对线路中心线投影的位置间接确定对受电弓中心的位置。

图2-44 直线段检调理论图示

a—拉出值；L—轨距；L_1—定位点处接触线的垂直投影距近轨中点的距离

如图2-45所示，a 值、m 值和 c 值三者之间的关系如式（2-7）：

$$a = m + c \tag{2-7}$$

式中 a——定位点处接触线距受电弓中心线的水平距离，mm；

m——定位点处接触线距线路中心线的距离，mm；

c——线路中心线距电动列车受电弓中心的偏斜距离，mm。

① m 值。

m 值在现场可通过线坠和道尺测得（图2-46）。在位点处下垂线坠至轨平面，测量线坠尖端至线路中心的距离，由于线路中心不易确定，可先测量至近轨距离 L_1，然后用半个轨距 $L/2$ 减去该距离，即为 m 值。

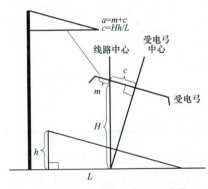

图2-45 曲线段检调理论图示

图2-46 m 值测量理论图示

② c 值。

c 值可利用图2-45中几何关系求出，见式（2-8）：

$$c = \frac{Hh}{L} \tag{2-8}$$

式中 c——线路中心线距电动列车受电弓中心的偏斜距离，mm；

h——曲线外轨超高，mm；
H——定位点处接触线距轨面的高度（导高），mm；
L——轨距，mm。

③ h 值。

外轨超高 h 值可根据线路曲线半径和线上列车允许通过的最大时速而定，《地铁设计规范》中规定最大超高值为 120 mm。计算公式见式（2-9）：

$$h=\frac{7.6v_{max}^2}{R} \tag{2-9}$$

式中 h——曲线外轨超高，mm；
v_{max}^2——线路允许最大的行车时速，km/h；
R——线路曲线半径，m。

为了应用方便，外轨超高值也可查表 2-4 曲线外轨超高参考值。现场检调时，超高值一般采用现场测量值。

表 2-4 曲线外轨超高参考值　　　　　　　　　　　　　　　　　　　mm

半径 R/m	列车最大时速 v_{max}/(km·h⁻¹)									
	30	40	50	60	70	80	90	100	110	120
300	25	40	65	90	125	—	—	—	—	—
400	15	30	50	70	95	120	—	—	—	—
500	15	25	40	50	75	95	120	—	—	—
600	10	20	30	45	60	80	100	125	—	—
700	10	15	25	40	55	70	90	110	—	—
900	10	15	20	30	40	55	70	85	100	120
1 200	—	10	15	25	30	40	50	65	75	70
1 600	—	—	10	15	20	30	40	50	60	70
1 800	—	—	—	10	15	20	25	35	40	50	60
2 000	—	—	10	15	20	25	30	35	45	55

导高 H 值可以在现场实际测量得到，当导高为 6 000 mm 时，为简化现场计算，$c≈4h$。

轨距 L 值是指两钢轨顶面向下 16 mm 处之间的距离，可以用轨道道尺测量得到。我国轨道交通直线区段标准轨距为 1 435 mm；曲线区段，为使列车圆滑地通过曲线，轨距有所加宽，其加宽量见表 2-5。

表 2-5 超距参考值

曲线半径 R/m	651 以上或直线	650～451	450～351	350 以下
轨距 L/mm	1 435	1 440	1 445	1 450

(3) 曲线区段检调。

曲线区段拉出值检调具体步骤如下：

① 确定计算条件。

a 值为设计标准拉出值，一般可在接触网平面图中查到。如果图纸中没有标注，可参考表 2-6。通过现场实测可以得到 h、H、L，计算出 c 值，根据标准拉出值即可推导出标准的 m 值（$m_{标}$）。m 值有正负之分，当接触线定位点投影在线路中心线与外轨间时 m 值为正值，当在线路中心线与内轨间时，m 值为负值，见图 2-47。

表 2-6 拉出值参考值

曲线半径 R/m	$180 \leqslant R \leqslant 1\ 200$	$1\ 200 < R < 1\ 800$	$1\ 800 \leqslant R$	直线
轨距 L/mm	400	250	150	±300

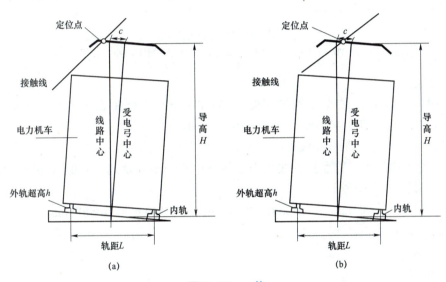

图 2-47 m 值

(a) m 值为正；(b) m 值为负

② 确定是否检调。

检调时，需和现场实际测得 m 值（$m_{实}$）相比较，当 $m_{实}$ 和 $m_{标}$ 的误差小于规定值（±30 mm）时可以不检调；当误差大于规定值（±30 mm）时应该进行检调。Δm 为标准位置 $m_{标}$ 和现场实际位置 $m_{实}$ 的差值，如式（2-10）：

$$\Delta m = m_{标} - m_{实} \tag{2-10}$$

③ 检调方法。

在拉出值检调中，将定位点向曲线外侧移动，称为拉；将定位点向曲线内侧移动，称为放。当为正时，需要将定位点向曲线外侧拉 Δm，当为负时，需要将定位点向曲线内侧放 Δm，现场简称为"正拉负放零不动"。

当接触线定位点垂直投影在线路中心线至外轨间时，$m_{实}$ 为正值；在线路中心线至内轨间时，$m_{实}$ 为负值。确定正负后可代入公式计算。

综上所述，接触网检调的内涵是测量 $m_实$，比照 $m_标$。近年来，为了提高接触网几何参数测量效率和精度，广泛使用各种先进的接触网几何参数测量仪，图 2-48（a）所示为 TDJ-6 多功能接触网参数测量仪，图 2-48（b）所示为现场测量接触网拉出值。

(a)　　　　　　　　　　　　　　　(b)

图 2-48　接触网参数测量

(a) TDJ-6 多功能接触网参数测量仪；(b) 现场测量接触网拉出值

3. 拉出值的计算

例 2-1　某支柱定位点接触线高度为 6 000 mm，所处曲线半径为 600 m，轨距为 1 440 mm，设计拉出值为 400 mm，外轨超高为 60 mm。

① 确定该定位点接触线距线路中心线的距离，并绘图说明。

② 当现场实测该定位点接触线投影在线路中心线至外轨间，且距线路中心线距离为 100 mm 时，是否应该调整？

已知：① $H=6\,000$ mm，$h=60$ mm，$R=600$ m，$L=1\,440$ mm，$a=400$ mm；

② $m_实=+100$ mm。

求：① $m_标=?$

② $\Delta m=?$

解：① $c=\dfrac{hH}{L}=\dfrac{60\times6\,000}{1\,440}=250$（mm）

② $m_标=a-c=400-250=150$（mm）

③ $\Delta m=m_标-m_实=150-100=50$（mm）

答：① 定位点接触线距线路中心线的距离为 150 mm。绘图如图 2-49 所示。

② 计算得出 $\Delta m=50$ mm，根据"正拉负放零不动"，应使定位处接触线向外轨侧"拉" 50 mm。

例 2-2　某区间支柱定位点接触线高度为 6 000 mm，所处曲线半径为 500 m，设计拉出值为 400 mm，外轨超高为 120 mm，轨距为 1 500 mm，试确定该定位点接触线距线路中心线的距离，并绘图说明。

已知：$H=6\,000$ mm，$h=120$ mm，$R=500$ m，$L=1\,500$ mm，$a=400$ mm。

求：$m_标=?$

解：① $c = \dfrac{hH}{L} = \dfrac{120 \times 6\,000}{1\,500} = 480$（mm）

② $m_{标} = a - c = 400 - 480 = -80$（mm）

答：定位点接触线距线路中心线的距离为 -80 mm。绘图如图 2-50 所示。

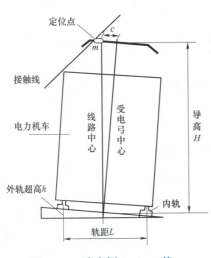

图 2-49 确定例 2-1 $m_{标}$ 值

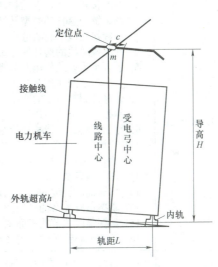

图 2-50 确定例 2-2 $m_{标}$ 值

例 2-3 甲作业组在某区间 104～108# 支柱间进行综合检修，调整拉出值，当检调到 106# 支柱定位时，实测接触线定位点距线路中心距离为 80 mm，且接触线定位投影在线路中心至外轨之间，测得外轨超高为 115 mm，导高为 6 000 mm，查接触网平面图可知该定位标准拉出值为 400 mm，曲线半径为 800 m。工作领导人让操作人将该定位向外轨侧再拉 160 mm。结果作业组作业结束消令后，第一趟电力机车通过时即发生了弓网事故，请分析弓网事故发生的原因。

已知：$H=6\,000$ mm，$h=115$ mm，$R=800$ m，$a_{标}=400$ mm，$m_{实}=80$ mm。

求：$m_{标}=?$ $\Delta m=?$

解：① 根据 $R=800$ m，可查得 $L=1\,435$ mm；

$$c = \dfrac{hH}{L} = \dfrac{100 \times 6\,000}{1\,500} = 480\;(\text{mm})$$

② $m_{标} = a_{标} - c = 400 - 480 = -80$（mm）

③ $\Delta m = m_{标} - m_{实} = -80 - 80 = -160$（mm）

答：计算得出 $\Delta m = -160$ mm，根据"正拉负放零不动"，应使定位处接触线向内轨侧"放" 160 mm，而实际情况是工作领导人让操作人将该定位向外轨侧再拉 160 mm，故作业组作业结束消令后，第一趟电力机车通过时即发生了弓网事故。

通过例题可以发现进行曲线拉出值检调时，一定要注意 m 值的符号和检调方向，在测量、计算、检调每一个步骤中认真记录好符号。

第四节　接　触　悬　挂

学习内容	接触悬挂
知识要点	1. 熟悉接触悬挂根据结构的分类； 2. 熟悉链型悬挂的类型与结构； 3. 掌握接触线的材质分类； 4. 计算接触线的磨耗并能进行相应调整； 5. 了解承力索的作用及分类； 6. 掌握吊弦的作用及分类； 7. 计算并调整吊弦的间距、吊弦长度及吊弦偏移； 8. 熟悉补偿装置的作用及分类； 9. 熟悉滑轮式补偿装置的组成及要求； 10. 计算补偿装置的 a、b 值； 11. 熟悉棘轮式补偿装置的工作原理及常见问题； 12. 熟悉锚段及其作用； 13. 掌握锚段长度的确定因素； 14. 掌握锚段关节的作用及分类； 15. 掌握锚段关节的平面图； 16. 掌握中心锚结的作用及结构
能力要点	1. 具有区分不同类型接触悬挂的能力； 2. 具有区分不同类型的接触线的能力； 3. 具有计算接触线磨耗并进行调整的能力； 4. 具有区分不同类型吊弦的能力； 5. 具有计算吊线间距、长度、偏移值的能力； 6. 具有区分不同类型补偿装置的能力； 7. 具有计算补偿装置 a、b 值的能力； 8. 具有区分不同类型锚段关节的能力； 9. 具有绘制锚段关节平面图的能力； 10. 具有区分不同类型的中心锚节的能力
素质要点	1. 具有分析问题和解决问题的能力； 2. 具有查找资料和获取信息的能力； 3. 具有自我管理的能力； 4. 具有沟通和合作的能力
课程导入	1. 仔细观察轨道交通线路中接触悬挂的结构，思考接触悬挂在轨道交通运行中的作用等资料。 2. 2010 年 2 月 13 日 11 时 06 分，G1029 次列车运行到长沙南站至株洲北线路所间，司机反映接触网无网压。经查，长沙南站至株洲北线路所间下行线 K1589+500 处接触网承力索及导线都烧断，14 时 08 分抢修完毕。14 时 45 分，长沙南—株洲西下行恢复行车。影响动车累计 15 列。

长供16　　　　　　　　　　　　　　　　长供18　　A　C
　　　　长供15　AT　　　　　　　AT　长供17　B
大尾冲AT分区所　浏阳河AT所　　跳马AT所　　　昭山AT分区所
　　　　　　　浏阳河隧道北　K1601+949
　　　　　　　K1565+962　新长沙（边山）变电所
下行K1555+016.406　　长沙南站　下行K1589+497　长沙动车运　下行K1625+890
上行K1555+016.406　　K1587+000　上行K1589+497　用开闭所　　上行K1625+890
　　　　　　　　　　　　　　　　　　　　　　　K1598+749

续表

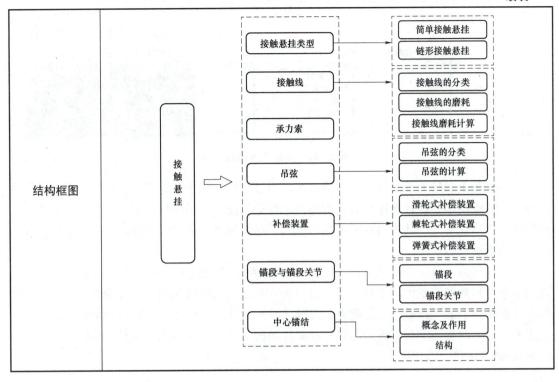

一、接触悬挂

接触悬挂的类型是对接触网的每个锚段而言的。接触悬挂的种类较多，一般根据其结构的不同分成简单接触悬挂和链形接触悬挂两大类，见图2–51。

图2–51 接触悬挂
(a) 简单接触悬挂; (b) 链形接触悬挂

（1）简单接触悬挂。

简单接触悬挂（以下简称简单悬挂）是接触悬挂的一种形式，由一根或两根平行的接触线直接固定在支柱支持装置上。简单悬挂无承力索，接触线直接悬挂在支持装置上。它的优点是结构简单，投资少；缺点是弛度大，弹性不均匀。它在发展中经历了未补偿简单悬挂和带补偿装置及弹性吊索式简单悬挂几个阶段。图 2-52 所示为未补偿简单悬挂。

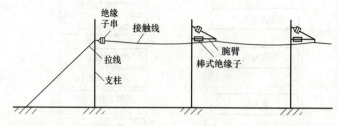

图 2-52 未补偿简单悬挂

未补偿简单悬挂的接触线两端下锚方式是通过一组绝缘子固定在支柱或隧道壁上,称为未补偿下锚或硬锚。这种悬挂形式结构简单,维护方便,但当环境温度变化时,由于接触线热胀冷缩的物理特性,其张力和弛度变化很大,存在硬点,适用于车速较低的线路上,如车库线、停车场线等场所。

为了改善简单悬挂的弹性不均匀程度,在接触线下锚处装设了张力补偿装置(图 2-53),以调节张力和弛度的变化。在悬挂点上加装 8~16 m 长的弹性吊索,通过弹性吊索悬挂接触线,这就减少了悬挂点处产生的硬点,改善了取流条件。另外还可以适当缩小跨距,增大接触线的张力去改善弛度对取流的影响。根据我国的实验,这种弹性简单悬挂可以在速度不超过 80 km/h 的线路上采用。

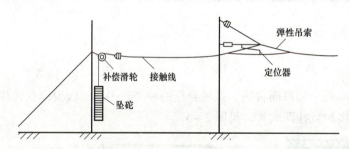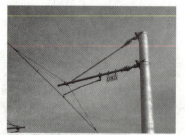

图 2-53 带补偿装置的弹性简单悬挂

(2) 链形接触悬挂。

链形接触悬挂(简称链形悬挂)是一种运行性能较好的悬挂形式。链形悬挂的接触线是通过吊弦悬挂在承力索上。承力索通过钩头鞍子、承力索座或悬吊滑轮悬挂在支持装置的腕臂上,使接触线在不增加支柱的情况下增加了悬挂点,通过调整吊弦长度使接触线在整个跨距内对轨面的距离基本保持一致。链形悬挂减小了接触线在跨距中间的弛度,改善了弹性,增加了悬挂重量,提高了稳定性,可以满足电动列车高速运行取流的要求。链形悬挂相比简单悬挂性能更好,但也带来了结构复杂、造价高、施工和维修任务量大等许多问题。

① 按照悬挂链数分类。

链形悬挂按悬挂链数的多少可分为单链形、双链形和多链形(又称三链形)。图 2-54 为单链形悬挂。单链形悬挂只有一根承力索,结构简单,造价便宜,目前我国主要采用单链形悬挂。

双链形悬挂的接触线经短吊弦悬挂在辅助吊索上,辅助吊索又通过吊弦悬挂在承力索上,见图 2-55。双链形悬挂接触线弛度小、稳定性好、弹性均匀,有利于电动列车高速运行取流。

但结构较复杂,投资及维修费用高,我国仅在个别地段试用。双链形悬挂及其他悬挂类型由于结构复杂、不易施工、维修困难、设计烦琐、造价高等,目前没有得到广泛的应用。

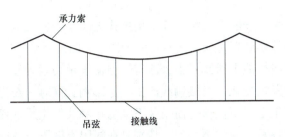

图 2-54 单链形悬挂

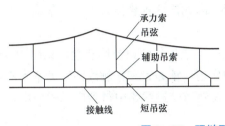

图 2-55 双链形悬挂

② 按照悬挂点处吊弦类型分类。

单链形悬挂按照悬挂点处吊弦的类型可分为简单链形悬挂和弹性链形悬挂两种,见图 2-56 和图 2-57。弹性链形悬挂与简单链形悬挂区别在于悬挂点两侧采用弹性吊索固定承力索,这样增加支柱处接触线固定点的弹性,使一个跨距内接触线弹性均匀,有利于列车受电弓取流,可用于行车速度在 100 km/h 及以上的正线。

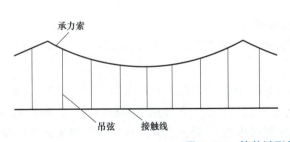
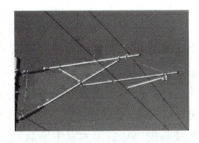

图 2-56 简单链形悬挂

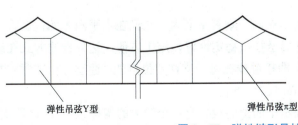

图 2-57 弹性链形悬挂

③ 按照补偿方式分类。

链形悬挂按照补偿方式分为未补偿、半补偿和全补偿链形悬挂。

未补偿链形悬挂的承力索和接触线两端无补偿装置，均为硬锚。因此，在温度变化时，承力索和接触线的张力、弛度变化较大，一般不采用，其结构形式见图2-58（a）。

半补偿链形悬挂的接触线两端设补偿装置，承力索两端为硬锚，见图2-58（b）。半补偿简单链形悬挂比未补偿简单链形悬挂在性能上得到了很大改善，但由于承力索为硬锚，当温度变化时，承力索的张力和弛度随之发生变化，对接触线产生一定影响。同时，在温度变化时，承力索的弛度变化使吊弦上端产生上、下位移，而吊弦下端随接触线发生顺线路方向偏斜。由于各吊弦的偏斜，造成接触线各断面受力不均匀，特别是在极限温度下，使接触线在锚段中部和下锚端之间出现较大张力差，接触线张力和弹性不均匀，在支柱悬挂点处产生明显的硬点，不利于电动列车高速运行取流。因此，这种悬挂只用于行车速度不高的车站侧线和支线上。

全补偿链形悬挂的承力索和接触线两端下锚处均装设补偿装置，见图2-58（c）。全补偿链形悬挂在温度变化时由于补偿装置的作用，承力索和接触线的张力基本不发生变化，弹性比较均匀，有利于电动列车取流，因此在轨道交通线路中得到广泛的使用。

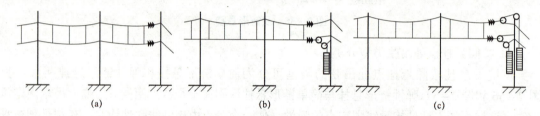

图2-58　按补偿方式分类的链形悬挂
（a）未补偿链形悬挂；（b）半补偿链形悬挂；（c）全补偿链形悬挂

④ 按照接触线与承力索在空间位置分类。

链形悬挂按照接触线、承力索在空间中的位置关系分为直链形悬挂、半斜链形悬挂、斜链形悬挂。

直链形悬挂是承力索和接触线布置在同一垂直平面内，它们在水平面上的投影是一条直线，见图2-59（a）。直链形悬挂的风稳定性较差，在大风作用下接触线易产生横向摆动，造成接触线与受电弓脱离而发生事故（简称脱弓事故）。目前这种悬挂形式主要出现在线路曲线段，即在支柱定位点处为保证受电弓磨耗均匀，接触线向曲线外侧拉出一定距离，承力索则布置在接触线的正上方。

半斜链形悬挂是承力索与接触线不在同一垂直平面内，它们在水平面上的投影有一个较小的偏移，见图2-59（b）。半斜链形悬挂风稳定性好，施工方便。这种悬挂方式在线路时速小于160 km/h的直线段普遍采用，即接触线在每一支柱定位点处，通过定位装置被布置成"之"字形，承力索则布置在线路中心线的正下方。

斜链形悬挂的接触线和承力索在水平面上的投影有一个较大的偏移。在直线区段支柱处，接触线和承力索均布置成方向相反"之"字形，见图2-59（c）。在曲线区段，承力索对线路中心线向外侧有一个较大的偏移，吊弦的倾斜角较大。这种悬挂的优点是风稳定性最好，可增大两支柱之间的距离（简称跨距）；但在曲线区段，承力索布置对铁路的线路中心线有一个较大的外侧偏移，吊弦安装的倾斜角很大，因而在支柱定位处，对接触线需采用特殊的固定方式。所以其结构复杂，设计计算烦琐，施工和检修困难，造价较高，我国尚未推广使用。

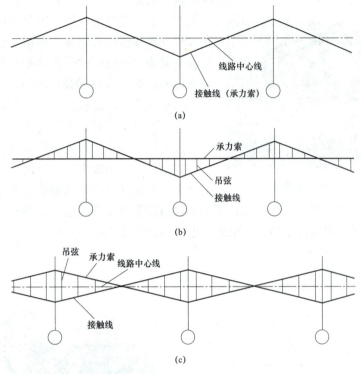

图 2-59　按空间位置分类的链形悬挂
（a）直链形悬挂；（b）半斜链形悬挂；（c）斜链形悬挂

对于柔性架空接触网，车站线路、区间线路、车辆段试车线与出入线的接触网，宜采用全补偿简单链形悬挂；车辆段中的其他线路宜采用补偿简单悬挂。

城市轨道交通中使用的接触悬挂和铁路中的略有不同。铁路中使用的电压等级比较高，故电流较小，一般都是一根承力索、一根接触线（单承单导）通过吊弦连接起来；城市轨道交通中采用的电压等级相对较小，故通过接触线的电流比较大，故接触悬挂采用一根承力索两根接触线（单承双导）或两根承力索两根接触线（双承双导）等接触悬挂形式，见图 2-60。

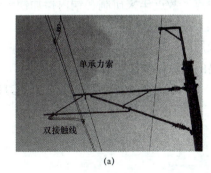 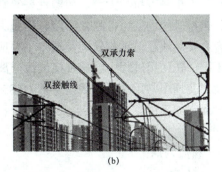

图 2-60　城市轨道交通中使用的接触悬挂
（a）单承双导；（b）双承双导

二、接触线

接触线是接触网中直接和受电弓滑板摩擦取流的部分（图2-61），需保证电动列车能从接触线上获得良好的电能，因此接触线的材质、工艺及性能对接触网起着重要作用。接触网对接触线的要求是应具有良好的受流性和导电性、足够的机械强度和耐磨性、较长的使用寿命和稳定性等性能，因而接触线需满足抗拉强度高、电阻系数低、耐热性能好、耐磨性能好和制造长度长等特点。

接触线制成上部带沟槽的圆柱状，沟槽是为了便于安装接触线的线夹，接触线底面与受电弓接触的部分呈圆弧状，称为接触线的工作面。我国常用的接触线的截面形状如图2-62所示，不同的接触线类型及截面适用于不同的使用场所，接触线截面积的选择主要取决于所需的电流、电压的稳定性和施加的张力。

图2-61 受电弓与接触线

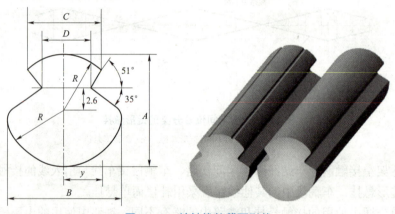

图2-62 接触线的截面形状

1. 接触线的分类

接触线按照材质主要分为铜接触线、铜合金接触线和钢铝接触线。铜具有导电性和施工性好的优点，但也具有抗拉力差、耐磨性差等缺点，故近年来研制在铜内掺加镁、银等其他金属，铜合金接触线的导电性虽然下降，但是大大提高了其强度和耐磨性。综合来看，铜接触线和铜合金接触线还是现在轨道交通中主要应用的材质类型。钢铝接触线由于两种材质线膨胀系数不同，在使用过程中易出现接触线分离的现象，故影响其应用发展。

城市轨道交通中常用的接触线型号有CT85、CT110、CT120、CTHA-120、CTHM-120等，各符号含义如下：

其中　C——接触线；
　　　T——材质为铜；
　　　A——材质为银；
　　　M——材质为镁；

THA——高强度铜银合金；

THM——高强度铜镁合金；

85——接触线的截面积为 85 mm²；

110——接触线的截面积为 110 mm²；

120——接触线的截面积为 120 mm²。

接触线技术性能（部分）见表 2-7。

表 2-7 接触线的技术性能（部分）

型号	标称截面	电气性能		机械性能						含氧量≤/%	含银量≤/%
		20℃时电阻率≤/(Ω·mm²·m⁻¹)	载流量≥/A	拉断力≥/kN		伸长率≥/%	扭转至破坏圈数	反复弯曲至破坏		杨氏模量/MPa	
				未软化	软化后			弯曲半径/mm	次数≥		
CT	120	0.017 86	560	41.75		3.0	3	25	8	124 000	0.040 0	—
CTHA	120	0.017 86	750	42.35	38.12	2.8	5	25	8	124 000	—	0.08~0.12

2. 接触线的磨耗

接触线在运行过程中，受电弓和接触线的摩擦会造成接触线截面积减小，称为接触线的磨耗。接触线的磨耗会使接触线截面积减小，会影响大接触线的强度安全系数。运营中，要求每年至少进行一次接触线磨耗测量，当接触线磨耗达到一定限度时应局部补强或更换。如发现全锚段接触线平均磨耗超过该接触线截面积的 20%，应全部更换；局部磨耗超过 30% 时可进行补强；当局部磨耗达到 40% 时应切换做接头。

接触线磨耗测量是利用游标卡尺测量磨耗后接触线的直径残存高度，根据直径残存高度可以计算得到接触线磨耗截面积。图 2-63 所示为接触线的磨耗。

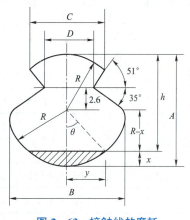

图 2-63 接触线的磨耗

磨耗面积 S 通过式（2-11）、式（2-12）计算：

$$S = 2\left[\pi R^2 \frac{\theta}{360} - \frac{R-x}{2} y\right] = \pi R^2 \frac{\theta}{180} - (R-x)y \qquad (2-11)$$

将 $y = R\sin\theta$ 代入式（2-11）得：

$$S = \pi R^2 \frac{\theta}{180} - (R-x)R\sin\theta \qquad (2-12)$$

式中 S——接触线的磨耗面积，mm²；

R——接触线下圆截面半径，mm；

x——实际磨耗高度，$x = A - h$。

现场应用中，一般不采用计算的方法来求磨耗面积，而是根据接触线的直径残存高度，对照该型号接触线的磨耗换算表,查出该点接触线磨耗截面积。表 2-8 为 CT110 接触线磨耗表。

表 2-8 CT110 接触线磨耗表 mm²

残存高度/mm	0	1	2	3	4	5	6	7	8	9
8.2	35.02	34.97	34.86	34.74	34.63	34.51	34.39	34.28	34.16	34.05
3	33.93	33.81	33.7	33.58	33.47	33.35	33.24	33.12	33.01	32.89
4	32.78	32.66	32.55	32.43	32.32	32.20	32.09	31.97	31.86	31.75
5	31.63	31.52	31.40	31.29	31.17	31.06	30.95	30.83	30.72	30.61
6	30.49	30.38	30.27	30.15	30.04	29.93	29.81	29.70	29.59	29.48
7	29.36	29.25	29.14	29.03	28.92	28.80	28.69	28.58	28.47	28.36
8	28.24	28.13	28.02	27.91	27.80	27.69	27.58	27.47	27.35	27.24
9	27.13	27.02	26.91	26.80	26.69	26.58	26.47	26.36	26.25	26.14
9.0	26.03	25.92	25.81	25.70	25.60	25.49	25.38	25.27	25.16	25.05
1	24.94	24.83	24.73	24.62	24.51	24.40	24.29	24.19	24.08	23.97
2	23.86	23.76	23.65	23.54	23.43	23.33	23.22	23.11	23.01	22.90
3	22.80	22.69	22.58	22.48	22.37	22.27	22.16	22.05	21.95	21.84
4	21.74	21.63	21.53	21.42	21.32	21.22	21.11	21.01	20.90	20.80
5	20.70	20.59	20.49	20.38	20.28	20.18	20.07	19.97	19.87	19.77
6	19.66	19.56	19.46	19.36	19.26	19.15	19.05	18.95	18.85	18.75
7	18.65	18.55	18.44	18.34	18.24	18.14	18.04	17.94	17.84	17.74
8	17.64	17.54	17.44	17.34	17.25	17.15	17.15	16.95	16.85	16.75
9	16.65	16.56	16.46	16.36	16.26	16.17	16.07	15.97	15.87	15.78
10.0	15.68	15.58	15.49	15.39	15.30	15.20	15.10	15.01	14.91	14.82
1	14.72	14.63	14.53	14.44	14.34	14.25	14.16	14.06	13.97	13.87
2	13.78	13.69	13.60	13.50	13.41	13.32	13.22	13.13	13.04	12.95
3	12.86	12.77	12.67	12.58	12.49	12.40	12.31	12.22	12.13	12.04
4	11.95	11.86	11.77	11.68	11.59	11.51	11.42	11.33	11.24	11.15
5	11.06	10.98	10.89	10.80	10.72	10.63	10.54	10.46	10.37	10.28
6	10.20	10.11	10.03	9.94	9.86	9.77	9.69	9.6	9.52	9.43
7	9.35	9.27	9.18	9.10	9.02	8.94	8.85	8.77	8.69	8.61
8	8.53	8.45	8.36	8.28	8.20	8.12	8.04	7.96	7.88	7.80
9	7.72	7.65	7.57	7.49	7.41	7.33	7.26	7.18	7.10	7.02
11.0	6.95	6.87	6.79	6.72	6.64	6.57	6.49	6.42	6.34	6.27
1	6.19	6.12	6.05	5.97	5.90	5.83	5.76	5.68	5.61	5.54

续表

残存高度/mm	0	1	2	3	4	5	6	7	8	9
2	5.47	5.40	5.33	5.26	5.19	5.12	5.05	4.98	4.91	4.84
3	4.77	4.70	4.64	4.57	4.50	4.43	4.37	4.30	4.24	4.17
4	4.10	4.04	3.97	3.91	3.85	3.78	3.72	3.66	3.59	3.53
5	3.47	3.41	3.35	3.29	3.22	3.16	3.10	3.05	2.99	2.93
6	2.87	2.81	2.75	2.70	2.64	2.58	5.53	2.47	2.42	2.36
7	2.30	2.25	2.20	2.14	2.09	2.04	1.99	1.94	1.88	1.83
8	1.78	1.73	1.68	1.64	1.59	1.54	1.49	1.44	1.40	1.35
9	1.31	1.26	1.22	1.17	1.13	1.09	1.04	1.00	0.96	0.92
12.0	0.88	0.84	0.80	0.76	0.73	0.69	0.65	0.62	0.58	0.55
1	0.51	0.48	0.45	0.42	0.39	0.36	0.33	0.30	0.27	0.24
2	0.22	0.19	0.17	0.15	0.13	0.11	0.09	0.07	0.05	0.04
3	0.02	0.01	0							

当接触线磨耗面积的不断增大,但又未达到更换程度时,为了改善其运行条件,逐渐减少接触线的实际张力,可减少坠砣的数目,保持接触线内的实际张力。图 2-64 所示为接触线磨耗截面积及张力变化图。

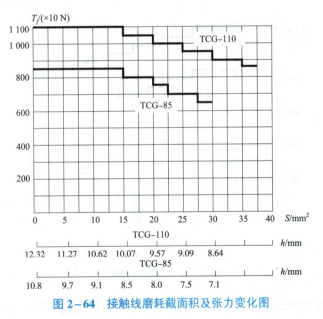

图 2-64 接触线磨耗截面积及张力变化图

3. 接触线磨耗计算

例题 2-4 某锚段接触线采用 TCG-110 型导线,测出导线平均磨耗高度为 3.2 mm,补偿器的传动比为 1:2,在表中查出磨耗面积,导线此时的张力应调为多少?坠砣应如何调整?

解： ① 计算残存高度：

$$h = 12.32 - 3.2 = 9.12 \text{（mm）}$$

② 根据 9.12 mm 查表 2-8 可得，磨耗面积 $S = 24.73 \text{ mm}^2$，具体如图 2-65 所示。

高/mm	0	1	2	3	4
8.2	35.02	34.97	34.86	34.74	34.63
3	33.93	33.81	33.70	33.58	33.47
4	32.78	32.66	32.55	32.43	32.32
5	31.63	31.52	31.40	31.29	31.17
6	30.49	30.38	30.27	30.15	30.04
7	29.36	29.25	29.14	29.03	28.92
8	28.24	28.13	28.02	27.91	27.80
9	27.13	27.02	26.91	26.80	26.69
9.0	26.03	25.92	25.81	25.70	25.60
1	24.94	24.83	24.73	24.62	24.51

图 2-65 磨耗面积查询

③ 查图 2-64，当残存高度为 9.12 mm，磨耗面积为 24.73 mm²，导线应具有张力为 10 000 N，具体如图 2-66 所示。

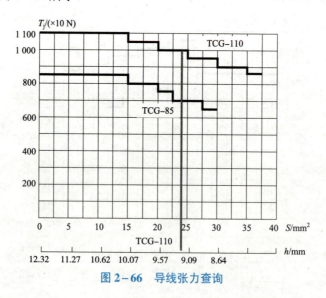

图 2-66 导线张力查询

④ 根据补偿器的传动比为 1:2 可知坠砣块的重力为接触线标称张力的一半，计算原有坠砣块为：

$$\frac{1100}{2 \times 25} = 22 \text{（块）}$$

磨耗后坠砣块：

$$\frac{1\,000}{2\times 25}=20\ (块)$$

答： 导线此时的张力应调为 10 000 N，根据磨耗后张力的变化应卸掉 2 块坠砣。

三、承力索

承力索的作用是通过吊弦将接触线悬挂起来，要求能够承受较大的张力和具有抗腐蚀能力，并且在温度变化时弛度变化较小。接触网对承力索性能要求也很高，要求承力索具有一定的导电载流能力，在各种气候条件变化下保证良好受流，另要具有强度高、自重轻、耐腐蚀、寿命长、易施工维护等特点。图 2-67 为接触网中使用的承力索。

图 2-67 接触网中使用的承力索

承力索根据材质可分为铜承力索、钢承力索、铝包钢承力索。

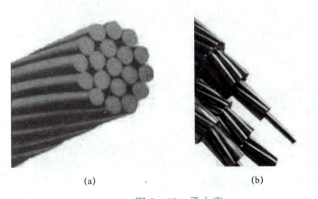

图 2-68 承力索
(a) 铜承力索；(b) 钢承力索

铜承力索（图 2-68（a））导电性能好，可作牵引电流的通道之一，和接触线并联供电，降低压损和能耗，且抗腐蚀性能高。但铜承力索消耗铜多，造价高且机械强度低，不能承受较大的张力，温度变化时弛度变化也大。主要型号有 TJ-95、TJ-120 等几种。

其中　T——材质为铜；
　　　J——绞线；
　　　95/120——数字部分表示承力索的截面积，mm^2。

钢承力索（图 2-68（b））用镀锌钢绞线制成，强度高、耐张力大，安装弛度小且弛度变化也小，既节省有色金属又造价低。但其缺点为电阻大、导电性能差，一般为非载流承力索。钢承力索不耐腐蚀，使用时还要采用防腐措施。常用规格有 GJ-100、GJ-80、GJ-70 等类型。

其中　G——材质为钢；
　　　J——绞线；
　　　100/80/70——数字部分表示承力索的截面积，mm^2。

铝包钢承力索由铝覆钢线和铝线绞合而成，主要以铝覆钢线中的钢芯部分承受张力，覆铝层和铝线载流，导电性能好，机械强度和抗腐蚀性能较好。

承力索目前使用的类型较多，其技术性能差异也较大。从国际情况来看，承力索的类型均较单一，普遍采用铜或铜合金绞线。从技术角度来分析，承力索与接触线采用同类材质，可改善接触网的性能，简化施工，提高施工精度，免去电气连接类线夹的特殊处理程序，并可降低运营维护的工作量。为了提高系统的安全可靠性，我国大都采用铜或铜合金材质的承力索。

四、吊弦

吊弦（图 2-69）是接触网链形悬挂类型中承力索悬吊接触线所用的部件，通过安设吊弦，使每个跨距中在不增加支柱的情况下，增加对接触线的悬挂点，使接触线的弛度和弹性得到改善，提高了接触线工作质量。另外，通过调节吊弦的长度可以调整并保证接触悬挂的结构高度和接触线距轨面的高度，提高受电弓的受流质量。

图 2-69　吊弦

接触网中要求在任何温度下吊弦应与顺线路方向垂直，垂直于线路方向的斜率不大于 1/10，且吊弦安装长度允许误差为 2 mm。

1. 吊弦的分类

吊弦一般有普通环节吊弦、弹性吊弦、滑动吊弦、整体吊弦等。

普通环节吊弦一般由二节或三节连在一起，根据吊弦在跨距中所处位置及悬挂结构高度的不同来确定，见图 2-70。

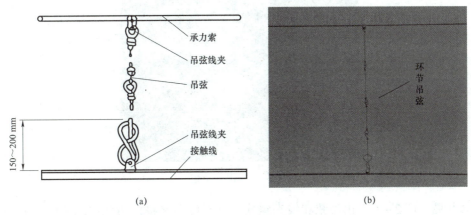

图 2-70 普通环节吊弦

弹性吊弦安装在支柱定位点处，是通过弹性吊索和一根吊弦或两根吊弦组合而成，有 Y 型（图 2-71（a））和 π 型（图 2-71（b）、图 2-72），还有普通吊索形式（图 2-73）。

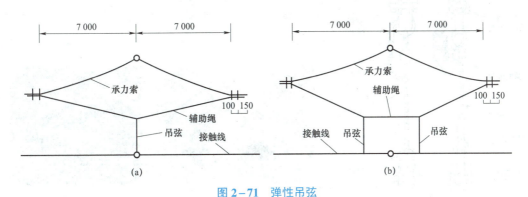

图 2-71 弹性吊弦

（a）弹性吊弦 Y 型；（b）弹性吊弦 π 型

图 2-72 弹性吊弦 π 型

图 2-73 普通吊索

滑动吊弦（图 2-74）是当安装环节吊弦在极限温度下其偏移超过允许范围时可采用的一种形式，一般用于隧道内接触悬挂。

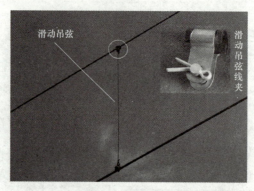

图 2-74 滑动吊弦

整体吊弦（图 2-75）由吊弦和线夹组成，有不可调整整体吊弦（线夹固定）、可调整整体吊弦等形式。整体吊弦安装精度高、强度高、耐腐蚀、寿命长，在城市轨道交通中使用广泛。

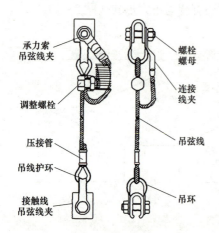 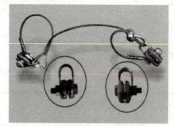 

图 2-75 整体吊弦

2. 吊弦的计算

（1）吊弦的布置。

吊弦一般都是均匀布置在跨距中的。简单链形悬挂中支柱定位点至第一吊弦的距离为 4 m，弹性链形悬挂中支柱定位点至第一吊弦的距离为 8.5 m，而跨中吊弦一般规定为 8~12 m。吊弦间距 x_0 可由式（2-13）、式（2-14）计算。式（2-13）针对弹性链形悬挂，式（2-14）针对简单链形悬挂。

$$x_0 = \frac{l - 2 \times 8.5}{k - 1} \quad (2\text{-}13)$$

$$x_0 = \frac{l - 2 \times 4.0}{k - 1} \quad (2\text{-}14)$$

式中　x_0——吊弦间距，m；
　　　l——跨距长度，m；
　　　k——布置的跨距内吊弦根数。

（2）吊弦长度的布置。

当 k 和 x_0 确定后，则可根据悬挂类型、结构高度、承力索张力和弛度，以及吊弦所在的位置来计算吊弦的长度，吊弦长度可用式（2-15）计算得出：

$$C = h - \frac{4x(L-x)}{L^2}F_0 \qquad (2-15)$$

式中　C——吊弦长度，m；

　　　L——跨距长度，m；

　　　h——悬挂点结构高度，m；

　　　x——所求吊弦距支柱定位点的距离，m；

　　　F_0——接触线无弛度时承力索弛度，m。

（3）吊弦偏移的计算。

在设有补偿装置的链形悬挂中，当气温变化时，线索因热胀冷缩的物理特性，顺线路方向产生移动。顺线路移动使吊弦出现偏移，检修规程规定，吊弦偏移后与其垂直方向的夹角，顺线路不得超过 30°，由于我国采用的是半斜链形悬挂，又规定吊弦在横线路（垂直方向）不超过 20°。

当为全补偿链形悬挂时，承力索和接触线在温度变化时均发生纵向位移，相对于半补偿链形悬挂而言，吊弦的偏移值很小，当线索材质不同时，可由式（2-16）计算：

$$E = L(\alpha_J - \alpha_C)(t_X - t_P) \qquad (2-16)$$

式中　E——所计算吊弦的偏移值，m；

　　　L——计算吊弦距中心锚结的距离，m；

　　　α_J——接触线的线胀系数，1/℃；

　　　α_C——承力索线的线胀系数，1/℃；

　　　t_X——安装时的温度，℃；

　　　t_P——设计采用的平均温度，℃。

半补偿链形悬挂吊弦偏移值按式（2-17）计算：

$$E = L\alpha_J(t_X - t_P) \qquad (2-17)$$

从吊弦偏移计算的式（2-16）和式（2-17）可以看出：

当 $t_X - t_P > 0$ 时，E 为正值，吊弦下端向下锚方向偏移；

当 $t_X - t_P < 0$ 时，E 为负值，吊弦下端向中心锚结方向偏移；

当 $t_X - t_P = 0$ 时，吊弦顺线路方向应无偏移。

根据式（2-17），当极限温度时，若 E 的绝对值大于 1/3 倍吊弦长度，则此吊弦应改为滑动吊弦。

例题 2-5　某半补偿弹性链形悬挂，悬挂类型为 GJ-70+GLCA100/215，已知该吊弦距中心锚结为 842 m，设计最高温度为 40 ℃，最低温度为 -20 ℃，求调整温度为 -2 ℃时的吊弦偏移值及应向什么方向偏。

已知：L=842 m，α_J=17.4×10⁻⁶ ℃⁻¹，t_X=-2 ℃，t_P=（40-20）/2=10 ℃。

求：E=？

解：$E = L\alpha_J(t_X - t_P) = 842 \times 17.4 \times 10^{-6} \times (-2-10) = -0.176$（m）

答： 调整温度为 $-2\ ℃$ 时的吊弦偏移值为 $0.176\ \text{m}$，由于 $E<0$，故应向中心锚结方向偏。

五、补偿装置

接触网补偿装置是接触网上的重要设备，又称张力自动补偿器，是自动调节接触线和承力索张力的补偿器及制动装置的总称，见图 2-76。它安装在锚段的两端，并且串接在接触线或承力索内。补偿装置的作用是当温度变化时，线索受温度影响而伸长或缩短，由于补偿坠陀重量的作用，线索顺线路方向移动而自动调整线索张力，从而保证接触悬挂的技术状态。补偿装置中的坠砣串为什么能随温度的变化而升高或降低呢？这是因为坠砣串同时受到自身重力和接触线（或承力索）张力的作用，当温度不变时处于平衡状态，坠砣不升不降；当温度升高时，接触线（或承力索）长度增加，在坠砣自身重力作用下，坠砣会随着温度升高而降低；反之当温度下降时，接触线（或承力索）就会缩短，坠砣上升，从而能使线索内保持恒定的张力。

图 2-76 补偿装置

接触网对张力自动补偿装置的要求有：补偿装置应灵活，在线索内的张力发生缓慢变化时，应能及时补偿，传送效率应不小于 97%；具有快速制动作用，一旦发生断线事故或其他异常情况，线索内的张力迅速发生变化时，补偿装置还应有一种制动功能。一般对于全补偿的承力索内的补偿装置，如不具备这种功能时，还需专门增加断线制动装置，以防止一旦发生断线，坠砣串落地而造成事故扩大、恢复困难。

接触网补偿装置主要有滑轮式、棘轮式、弹簧式等，见图 2-77。

(a)

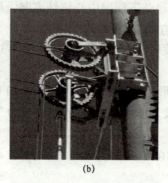
(b)

(c)

图 2-77 接触网补偿装置
(a) 滑轮式；(b) 棘轮式；(c) 弹簧式

1. 滑轮式补偿装置

（1）补偿装置的组成。

滑轮式补偿器由补偿滑轮、补偿绳、杵环杆、坠砣、坠砣杆、限制导管及连接零件组成，见图 2-78。

补偿滑轮在应用中分为定滑轮和动滑轮（构造相同），定滑轮改变受力方向，动滑轮除改变受力方向外还可省力和移动位置。所以一般补偿滑轮是一个组合的滑轮组。目前我国一般应用的是铝合金滑轮补偿装置，是由滑轮组、不锈钢丝绳、连接框架及双耳楔形线夹组成，其有 1:2，1:3，1:4 三种规格，见图 2-79。

补偿绳均选用 GJ-50（19 股）镀锌钢绞线制成，其最大工作荷重 1:2 型为 12 kN，1:3 型为 18 kN，1:4 型为 22 kN。

杵环杆（因为杆的一端为杵头，另一端为单孔耳环，所以称杵环杆）一般以直径 16 mm 圆钢加工制

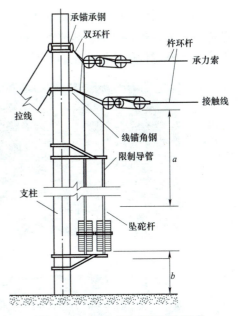

图 2-78 滑轮式补偿装置的组成

成，是动滑轮与下锚绝缘子串之间的连接杆件，杵头端放置在绝缘子杵座中，单孔耳环端（焊环）与动滑轮相连。杵环杆的机械强度要求较高，且长度不小于 1 m。

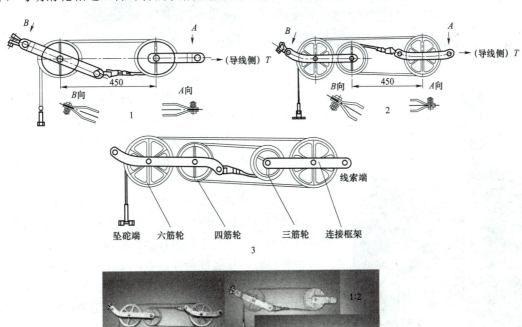

图 2-79 滑轮式补偿装置的规格（1:2、1:3、1:4）

坠砣一般采用混凝土（图 2-80）或灰口铸铁（图 2-81）制成，每块约重 25 kg，呈中

间开口的圆饼状。坠砣杆一般由直径 16 mm 圆钢加工制成,上端有单孔焊环,底部焊有托板。坠砣杆的型号规格,根据其放置坠砣块数量的不同分为 17 型、20 型和 30 型三种,型号中的数字表示坠砣杆所悬挂坠砣的数量。

图 2-80 混凝土坠砣

图 2-81 铸铁坠砣

图 2-82 限制导管

限制导管(图 2-82)用直径为 40 mm 的铝合金管制成,长度为 5.7 m,作用是限制补偿器坠砣串由于风力、其他力(包括电动列车通过时的振动力及受电弓作用于接触线时传递到补偿器的力)的影响侵入建筑限界。坠砣串通过坠砣抱箍与其相连。

(2)补偿装置的安设与要求。

补偿器串接在锚段内线索两端与支柱固定处,根据接触悬挂类型的不同有不同的补偿器结构。

半补偿时,接触线带补偿器,多采用两滑轮组结构,滑轮组的传动比为 1:2,即用两个滑轮使补偿绳的张力为接触线张力的一半,也就是坠砣块的重力为接触线标称张力的一半。

全补偿时,接触线与承力索两端均带补偿器,接触线补偿器的安设与半补偿相同。承力索补偿器则采用三滑轮组式,传动比为 1:3,见图 2-83。采用传动比比较大的滑轮组时坠砣串块数减少了,这是有利的一面,但坠砣串上升和下降的距离也会按倍数增大,这时要求支柱(锚柱)

高度和容量要增加，既不经济也不利于施工和维修。在运营线路上，当接触线因磨耗而截面逐渐减小时，坠砣串块数也相应地减少，使接触线维持一定的张力，防止出现断线事故。

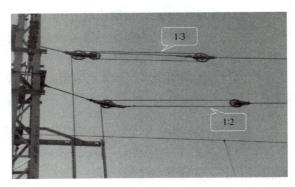

图 2-83 全补偿装置

（3）补偿装置的 a、b 值。

① a、b 值。

坠陀杆耳环孔中心至补偿（定）滑轮下沿的距离为 a 值。由坠陀串最下面一块坠陀的底面至地面（或基础面）的距离称为补偿器的 b 值，见图 2-84。补偿装置的 a、b 值可以限定坠陀串的升降范围，解决坠砣下降过多使坠砣串底面接触地面或上升过多使坠砣杆耳环孔卡在定滑轮槽中失去补偿作用的情况。

图 2-84 补偿装置的 a、b 值

为了使补偿器不失去补偿作用，对补偿器 a、b 值提出以下要求：在最低温度时，a 值应大于零，最高温度时，b 值应大于零。铁道部颁发的《接触网运行检修规程》规定，任何情况下 a、b 值均应大于 200 mm，进行接触网设计时，规定任何情况下 a、b 值不得小于 300 mm。

② a、b 值的计算及安装曲线。

一般情况下，在不同温度时补偿器 a、b 值不同，其计算方法如式（2-18）和式（2-19）：

$$a = a_{\min} + nL\alpha(t_x - t_{\min}) \quad (2-18)$$

$$b = b_{\min} + nL\alpha(t_{\max} - t_x) \quad (2-19)$$

式中 $a_{\min}$——设计时规定的最小 a 值，mm；

$b_{\min}$——设计时规定的最小 b 值，mm；

$t_{\min}$——设计时采用的最低气温，℃；

t_x——安装或调整作业时的温度，℃；

$t_{\max}$——设计时采用的最高气温，℃；

n——补偿滑轮的传动系数（传动比的倒数）；

L——锚段内中心锚结至补偿器间距离，mm；

α——线膨胀系数，℃$^{-1}$。

如果线路为新架设的，应考虑接触网线索存在初伸长问题，即线索承受张力后，会蠕变延伸。此时，补偿器 a、b 值需考虑线索延伸，其计算公式如式（2-20）和式（2-21）所示：

$$a = a_{\min} - n\theta L + nL\alpha(t_x - t_{\min}) \tag{2-20}$$

$$b = b_{\min} + n\theta L + nL\alpha(t_{\max} - t_x) \tag{2-21}$$

式中 θ——新线延伸率,承力索取 3.0×10^{-4},接触线取 6.0×10^{-4}。

在施工和维修过程中,为了给施工和维修人员提供参考调整,可利用补偿装置的安装曲线,图2-85为CHTA-120银铜合金接触线补偿1:4、1:3安装曲线。安装曲线是利用上述公式,根据不同的温度和中心锚结至补偿器间距离,计算出多组 a、b 值,将计算结果标注在图中,通过描点作图绘制而成。

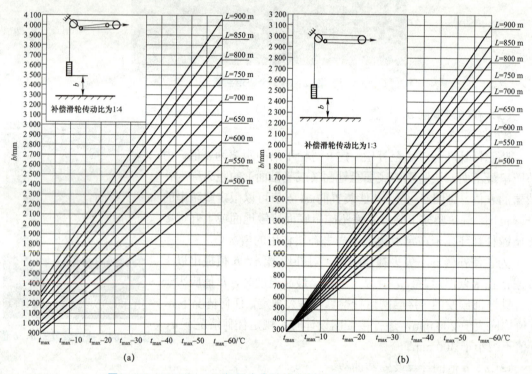

图2-85 CHTA-120银铜合金接触线补偿1:4、1:3安装曲线

例题 2-6 THJ-100承力索,传动比1:4,最高温度为40℃,确定 L 为800 m,气温为10℃时的 b 值。

解: 查找THJ-100承力索传动比为1:4的安装曲线图(图2-86),当 L=800 m,温度为10℃时的 b 值为1 480 mm。

例题 2-7 在一直线区段,采用GJ-70+GLCB80/173半补偿链型悬挂,L=800 m,α=1.70×10⁻⁵℃⁻¹,$t_{\max}$=30℃,$t_{\min}$=-30℃,n=2,试计算安装温度为10℃时的 a、b 值。

已知:$a_{\min}$=300 mm,$b_{\min}$=300 mm,n=2,L=800 m=8×10⁵ mm,α=1.70×10⁻⁵℃⁻¹,t_x=10℃,$t_{\min}$=-30℃,$t_{\max}$=30℃。

求:a=?,b=?

解:$a = a_{\min} + nL\alpha(t_x - t_{\min}) = 300 + 2 \times 8 \times 10^5 \times 1.70 \times 10^{-5} \times (10+30) = 1\,388$(mm)

$b = b_{\min} + nL\alpha(t_{\max} - t_x) = 300 + 2 \times 8 \times 10^5 \times 1.70 \times 10^{-5} \times (30-10) = 844$(mm)

答:安装温度为10℃时的 a 值为1 388 mm,b 值为844 mm。

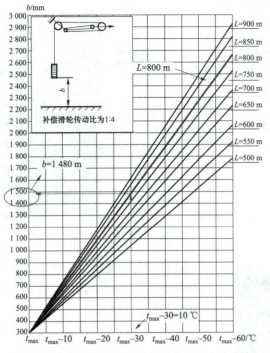

图 2-86 THJ-100 承力索补偿 1:4 安装曲线

2. 棘轮式补偿装置

棘轮装置与滑轮式补偿装置相比小很多，它的棘轮与其他工作轮共为一体，没有连接复杂的滑轮组，具有占用空间少、转动灵活、传动效率高、防腐性能好、使用寿命长等优点，但由于棘轮本体形状复杂，轮径大，薄壁部位多，对生产制造设备和工艺要求较高，价格偏贵。图 2-87 为棘轮补偿装置图，图 2-88 为棘轮本体结构图。

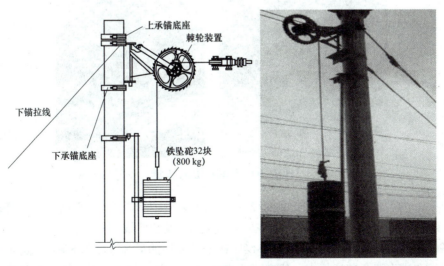

图 2-87 棘轮补偿装置图

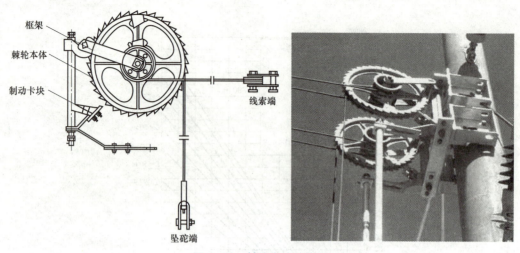

图 2-88　棘轮本体结构图

图 2-89　制动卡块

棘轮式补偿装置的工作原理：在正常状态下，由于补偿绳与坠砣串拉力相平衡，补偿棘轮处于悬空状态。当接触网出现松弛时，补偿绳与坠砣可以自动调整。当接触线断线时，连接接触线线索的补偿绳失去了对棘轮轴的拉力，此时由于坠砣串的重力将棘轮下拉，补偿棘轮就会在转动的瞬间被制动卡块卡住（图 2-89），防止了接触网设备的大面积损坏。

棘轮式补偿装置与滑轮式补偿装置一样，都需要满足 a、b 值（图 2-90）的要求。根据上述计算公式，可以计算得出不同温度和不同半锚的 a、b 值，以此绘出补偿装置的安装曲线图。

图 2-90　棘轮补偿 a、b 值

图 2-91 为棘轮式补偿装置安装曲线，安装曲线下面标注的是中心锚结到补偿装置的距离，右侧数字从上到下是对应温度下坠砣的安装高度。安装曲线的安装温度是（-40-80）℃。在气象条件中，最高温度采用 40 ℃，补偿坠砣安装曲线的最高温度为 80 ℃，这是考虑承力索和接触线在满电流负荷运行中，线索可能产生温升。在极限条件下，承力索和接触线伸长所形成的位移都不会让坠砣串的底部着地。

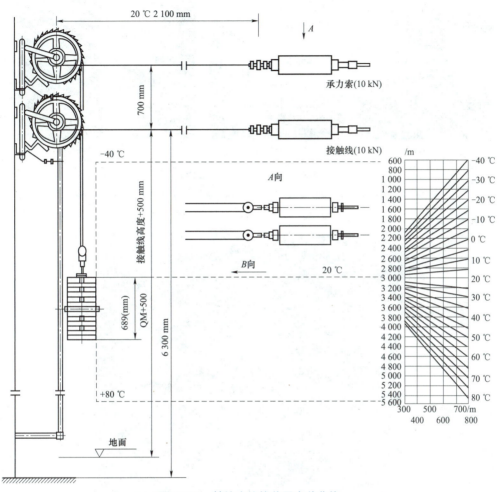

图 2-91 棘轮式补偿装置安装曲线

棘轮的安装曲线除了确定坠砣的 a、b 值外，还包括补偿绳在棘轮上正确的缠绕圈数。理顺补偿绳与轮体之间的缠绕关系，并使其正确入槽，防止绳股之间交错、重叠，大、小轮绕绳圈数应遵循以下原则：大轮最少缠绕半圈，最多缠绕三圈半；小轮最少缠绕半圈，最多缠绕三圈半，缠绕时注意两边对称。

城市轨道交通大多采用棘轮式补偿装置。在施工安装过程中，这一装置可能会产生补偿绳偏磨、扭绞，平衡轮不水平，棘轮悬挂不垂直，坠砣上下滑动受阻等现象（图 2-92），可以通过垂直调整棘轮、补偿绳正确排列、卸载扭力等方法来解决。总之，只有合理、精准施工，在运营过程中才会减少问题的出现。

3. 弹簧式补偿装置

弹簧式补偿装置（图 2-93）主要用于软横跨上下部固定绳的张力补偿，隧道内有时也用弹簧补偿装置。它的特点是在弹簧补偿器内部装有一个具有一定初始压缩力的弹簧，当软横跨上下部固定绳伸长时，弹簧被释放，工作杆收回拉紧软横跨上下部固定绳；当上下部固定绳收缩时，弹簧被压缩，工作杆伸出，使软横跨上下部固定绳的张力保持在一定范围内。

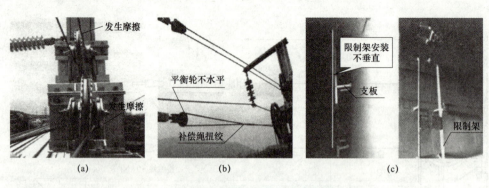

图 2-92 棘轮式装置产生的问题

(a) 补偿绳偏磨；(b) 补偿绳扭绞和平衡轮不水平图　(c) 坠砣限制架安装不垂直

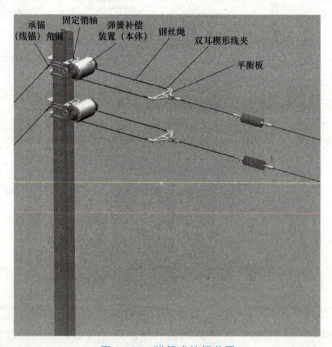

图 2-93 弹簧式补偿装置

六、锚段与锚段关节

1. 锚段

（1）概念及作用。

为满足供电和机械受力方面的需要，将接触悬挂分成若干一定长度且相互独立的分段，这种独立的分段段称为锚段。图 2-94 为锚段示意图。柔性架空接触网锚段两端的承力索及接触线分别拉出在支柱上下锚，两端都设补偿装置；若当锚段长度较短，则一端设硬锚，另一端设补偿装置。

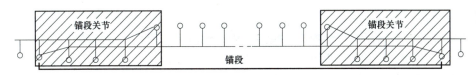

图 2-94 锚段示意图

设置锚段可以缩小事故范围。当发生断线或支柱折断等事故时，由于各锚段间在机械受力上是独立的，则使事故限制在一个锚段内，缩小了事故范围。比如从车站 A 到车站 B，如果接触线没有设置锚段而是连续布设的，当遇到天气问题或其他不可抗拒因素的情况下，接触线可能发生断线，这时就会影响到整个区间的接触网供电；如果设置了锚段，出现问题时就缩小了事故的范围，对抢修、运营都是有利的。

设立锚段方便张力补偿。可以在锚段两端的接触线和承力索设置补偿装置，以调整线索的弛度与张力。在实际运营过程中，线索会在温变下发生热胀冷缩，使得线索的张力下降，进而影响弓网受流，如果在线索的两端进行张力补偿，就可以大大改善弓网关系。

设立锚段可以增加供电灵活性。当运营中需维护检修时，配合开关设备，可实现一定范围内的停电检修作业。

（2）锚段长度确定。

城市轨道交通中，柔性架空接触网锚段长度应根据补偿的接触线和承力索的张力差确定，在确定锚段长度时，要考虑以下因素：

① 可以承受的事故范围。从这个角度考虑，锚段越短越好。

② 吊弦、定位器、腕臂的偏斜。当温度变化时，因线索伸缩引起吊弦、定位器及腕臂的偏斜，见图 2-95。当锚段越长时，偏斜角就越大。

③ 补偿装置的补偿范围。补偿装置可以调整接触线的张力和弛度，满足弓网受流的需求，一旦补偿装置到达地面或升得太高将失去补偿作用，故可通过补偿装置中的 a、b 值来控制补偿范围。

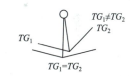

图 2-95 定位偏斜示意图

④ 承力索、接触线的张力差。在任何一个定位腕臂的左侧和右侧会产生一个张力差，张力差太大，使得接触线弹性不均，影响受流。对于半补偿链形悬挂，设计规定其张力差不超过接触线额定张力的 ±15%；全补偿链形悬挂，除满足接触线张力差外，要求承力索张力差不超过承力索额定张力的 ±10%。

根据长度，锚段一般分为以下三种类型：750～1 600 m 称为长锚段，两个张力自动补偿装置、一个中心锚结和若干跨距；150～750 m 称为短锚段，一个张力自动补偿装置、一个硬锚和若干跨距；150 m 以下称为小锚段，一个张力自动补偿装置、一个硬锚和若干跨距。

2. 锚段关节

（1）概念及作用。

相邻两个锚段互相衔接的部分称锚段关节。锚段关节结构复杂，其工作状态的好坏直接影响接触网供电质量和电动列车取流。锚段关节的作用：

① 实现接触网的机械和电气分段，以满足供电和受流的要求；

② 使受电弓平稳、安全地从一个锚段过渡到另一个锚段；

③ 便于在接触网中安装必要的机电设备。

（2）分类。

锚段关节按作用可分为非绝缘锚段关节和绝缘锚段关节两种。非绝缘锚段关节只起机械分段的作用，不进行电分段，即两个锚段在电路上不绝缘，又称电不分段锚段关节。绝缘锚段关节既起电分段作用又起机械分段作用。

锚段关节按结构可分为二跨、三跨、四跨锚段关节等几种不同形式。目前，常用的是三跨和四跨锚段关节。一般非绝缘锚段关节为三跨锚段关节，由三个跨距组成；绝缘锚段关节为四跨锚段关节，由四个跨距组成。

① 三跨非绝缘锚段关节。

图 2-96 为三跨锚段关节的立面图和平面图，包括两根锚柱和两根转换柱及电连接线，通过这些设备实现锚段的衔接和过渡，共有三个跨距。

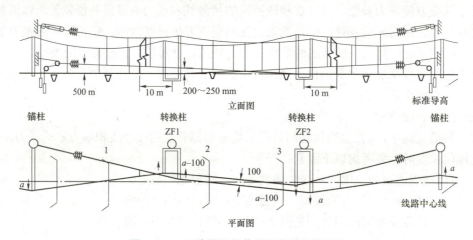

图 2-96　三跨锚段关节的立面图和平面图

在锚段关节内，有两组接触悬挂，其中接触线与受电弓实现受流的为工作支，另一组接触悬挂的接触线通过抬高脱离受电弓接触后下锚的称为非工作支。接触转换柱承载两支接触悬挂，一支为工作支，一支为非工作支。图 2-97 为锚柱和转换柱。

图 2-97　锚柱和转换柱

三跨非绝缘锚段关节技术要求：

锚段关节内，两转换柱间的两条接触线在水平面上的投影应平行，线间的距离为 200 mm；

锚段关节接触线等高处应在两根转换柱的中点；
转换支柱处，非工作支接触线比工作支接触线抬高 300 mm；
下锚处非工作支比工作支抬高 500 mm；
连接两锚段电路的两组电连接线，应分别装在两转换柱的锚柱侧。

② 绝缘四跨锚段关节。

图 2-98 为四跨锚段关节的立面图和平面图，包括两根锚柱、两根转换柱和一根中心柱，共四个跨距。电动列车受电弓在中心支柱处实现两锚段的转换和过渡，两锚段靠安装在转换支柱上的隔离开关实现电气连接。四跨锚段关节的中心为中心柱，承载两支接触悬挂均为工作支。图 2-99 依次为锚柱、转换柱、中心柱、转换柱、锚柱。

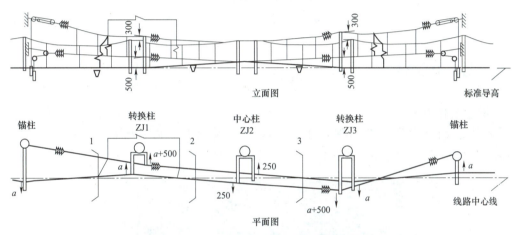

图 2-98 四跨锚段关节的立面图和平面图

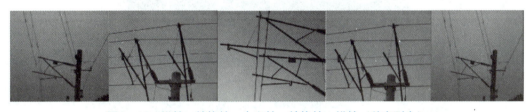

图 2-99 锚柱、转换柱、中心柱、转换柱、锚柱（从左到右）

四跨绝缘锚段关节技术要求：
两转换柱间接触线的线间距离为 400 mm；
转换柱处非工作支接触线比工作支接触线抬高 300 mm；
中心柱处两接触线距轨面等高；
锚柱处非工作支比工作支抬高 500 mm。

（3）锚段关节常见故障。

锚段关节工作支与非工作支不符合规定，易发生刮弓、钻弓、脱弓，这些问题且都是相伴而生的。图 2-100 所示案例为某站区接触网检修作业，拉开站场和站区衔接处四跨绝缘锚段关节处隔离开关，作业人员在图中蓝色区域作业，当有电动列车撞入该锚段关节后，受电弓将红色区电压带入蓝色无电施工区，造成作业区带电，对检修人员人身安全造成潜在伤害。

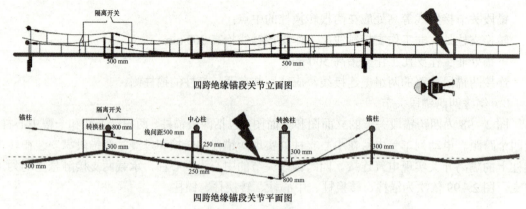

图 2-100　某站区接触网检修作业案例

七、中心锚结

1. 概念及作用

中心锚结是指在锚段中部，接触线对于承力索、承力索对于锚柱进行锚固的方式（图 2-101）。它要求在两端装有补偿装置的锚段里，必须加设中心锚结。

图 2-101　中心锚结

接触悬挂的每一个锚段的线索都是独立的线段，在正常情况下，一个锚段内的线索都是作为整体而工作的。为了防止线索两端出现不平衡的拉力向一侧窜动及缩小事故范围，可在接触网锚段中安装中心锚结，线索在中心锚结处相当于死固定方式，因此当温度变化时，锚段内线索的热胀冷缩便发生在中心锚结与两端的补偿器间，有效缩短了线索的伸缩范围。中心锚结具有以下作用：

（1）缩短补偿装置的补偿范围，使锚段线索张力比较均匀，保证接触悬挂处于良好工作状态。

（2）缩小事故范围，即当一侧发生断线事故时不至影响中心锚结另一侧的悬挂线路，有利于抢修事故和缩短事故抢修时间。

（3）防止线索向一侧窜动，如在有坡度的线路上或当有风力、受电弓摩擦力和自身重力等引起窜动时可防止向一侧补偿装置滑动。

每个锚段中心锚结的安设应根据线路情况和线索的张力增量计算确定。一般情况下，设置中心锚结时，为了保证中心锚结固定点两侧线索的张力尽量相等，在直线区段尽量设置在锚段的中间部位；当含有曲线时，中心锚结应靠近曲线较多的部位。

2. 结构

中心锚结的结构根据接触网的悬挂类型和安装地点而有所不同。

半补偿链形悬挂中心锚结如图2-102所示。半补偿中心锚结承力索两端都是硬锚，纵向不产生移位，接触线两端为补偿下锚，用锚结绳固定在承力索上，使该点接触线也不产生移位。中心锚结设在锚段中间部位的一个跨距中间，当一侧接触线断线后，另一侧接触线在中心锚结辅助绳的拉力下，不发生松动现象，起到了缩小事故范围的作用。

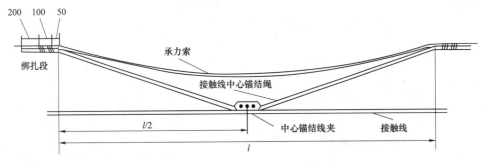

图2-102　半补偿中心锚结

全补偿链形悬挂的承力索和接触线两端都是补偿下锚，均可能因两端张力不平衡而产生移动，所以承力索和接触线都要设置中心锚结进行固定，其固定形式相当于由半补偿链形悬挂中心锚结与承力索中心锚结两部分组成。接触线的中心锚结绳在跨距中间与承力索固定，而承力索的中心锚结是在接触线中心锚结所在的跨距内增加一根承力索中心锚结辅助绳，承力索中心锚结由两个跨距或三个跨距组成。图2-103为全补偿链形悬挂三跨中心锚结，图2-104为全补偿链形悬挂两跨中心锚结。

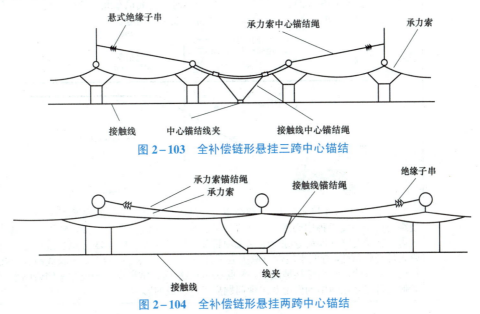

图2-103　全补偿链形悬挂三跨中心锚结

图2-104　全补偿链形悬挂两跨中心锚结

3. 中心锚结常见故障

中心锚结常见故障有：

（1）中心锚结线夹安装不正，导致刮弓事故；

（2）钢线卡子松动，中心锚结辅助绳脱落引发弓网事故；

（3）中心锚结线夹处接触线有硬点，接触线磨耗严重容易出现断线事故；

（4）中心锚结辅助绳松弛，当受电弓通过时因接触线升高造成刮弓事故。

第五节 其他设备

学习内容	其他设备
知识要点	1. 熟悉线叉的作用及结构； 2. 描述线叉常见的故障； 3. 描述软硬横跨的结构； 4. 说明软横跨的不同节点； 5. 描述电连接的作用及分类； 6. 描述分段绝缘器的作用； 7. 描述隔离开关的作用及分类； 8. 描述避雷器的作用； 9. 描述地线的作用
能力要点	1. 具有区分不同类型的线岔、电连接的能力； 2. 具有区分分段绝缘器、隔离开关、避雷器、软硬横跨等设备的能力； 3. 具有区分软横跨不同节点的能力
素质要点	1. 具有分析问题和解决问题的能力； 2. 具有查找资料和获取信息的能力； 3. 具有自我管理的能力； 4. 具有沟通和合作的能力
课程导入	1. 城市轨道交通线路接触悬挂中出现的零件资料。 2. 2012年4月22日15时08分因长沙北站（又叫霞凝站）42#无交分线岔参数不符合要求，K895次（SS8 0232）从霞凝站4道出站时，造成机车北头运行弓损坏，列车停在176#杆以南20 m处。请根据图示理解线叉处易发生的问题。 3. 2013年1月4日4时14分郭公庄上行站线至郭公庄上行库线无法送电。4时20分线路公司接调度指挥中心通知：房山线郭公庄站尽头线（库线）接触轨不能供电，线路公司生产调度室立即命令综合维修七项目部去现场查看。4时45分综合维修七项目部抢险人员赶到现场，查明不能供电原因为郭公庄上行进站K23+500处一条线路公司接触轨接地线未拆除，经拆除接地线后，5点05分接触轨正常送电。通过此案例请同学们体会其他设备在接触网中的作用及出现问题后可能造成的影响

续表

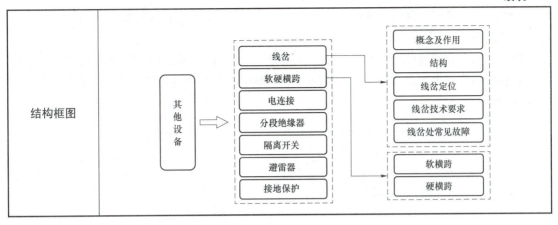

一、线岔

1. 概念及作用

线岔是安装于道岔上方,连接并固定两条汇交接触线的装置(图 2–105)。在道岔转辙的地方,当一组接触悬挂的接触线被受电弓抬高时,另一组悬挂的接触线也能同时被抬高,从而使它与另一接触线产生高差 Δh。高差随着受电弓靠近始触点而缩小,到达始触点时,高差基本消除而使受电弓顺利交接,以使接触线不发生刮弓现象,所以线岔是保证电动列车受电弓安全平滑地由一接触线过渡到另一接触线,达到转换线路目的的装置。

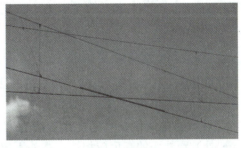

图 2–105 线岔

2. 结构

线岔的结构是由两根相交接触线、一根限制管和定位线夹等组成,见图 2–106。限制管两端用定位线夹固定在下面的接触线上,并能使上面的接触线在限制管和下面接触线间有一定间隙,使其自由移动。

限制管的主要作用是当一组接触悬挂被受电弓抬高时,另一组接触悬挂的接触线也能同时抬高,避免出现刮弓现象。限制管用 3/8 英寸镀锌钢管加工制成,两端扁平有圆孔用以

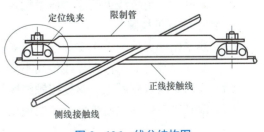

图 2–106 线岔结构图

固定定位线夹。其长度根据所安装接触线处至中心锚结的距离确定，当距离中心锚结小于 500 m 时，采用 JL49（500）-85 型；当大于 500 m 时，采用 JL49（700）-85 型。

3. 线岔定位

线岔定位是指两导线交叉点的投影点在道岔导曲线两内轨间的位置。两接触线在轨道平面上的投影应相交于道岔导曲线两内轨距 630~760 mm 的横向中间位置（允许偏差 20 mm），见图 2-107。

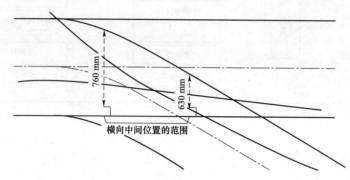

图 2-107　线岔定位的范围

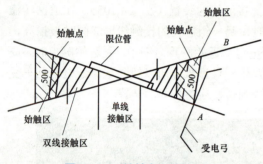

图 2-108　始触点和始触区

机车受电弓从一接触线进入交叉点，开始碰上另一接触线的位置称为始触点。规定一支接触线到另一线路中心线 500 mm 范围内为始触区。图 2-108 为始触点和始触区示意图。

4. 线岔技术要求

（1）在线岔的交叉点处，正线或重要的接触线要在下方。

（2）在平均温度时，线岔的中点应位于接触线的交叉点。

（3）限制管应安装牢固，并使两支接触线有一定的活动间隙，以确保接触线自由伸缩无卡滞。

（4）在线岔的两侧，当两支接触线均为工作支时，其始触点处（一般在两接触线相距 500 mm 处）距轨面的高度应相等，高差不超过 10 mm，且侧线高度不得低于正线；两支接触线中有一支为非工作支时，则非工作支接触线抬高一般不低于 50 mm。

（5）限制管无变形、开裂、松动、磨损、烧伤现象。

（6）定位线夹安装牢固，其螺栓不磨另一支限制管或接触线。

（7）限制管与定位线夹的连接应呈绷直状态。

5. 线岔处常见故障

（1）线岔始触点处两工作支导线不等高，造成受电弓钻弓事故。

（2）线岔一端的非工作支导线抬高不够，造成受电弓钻弓事故。

（3）线岔始触点有硬点，该处接触线磨耗严重，易发生断线事故。

（4）限制管、接触线连接处定位线夹松动，造成限制管脱落引发弓网事故。

二、软硬横跨

在站场中,接触网不能采用单线路腕臂的架设方式,这样站场中支柱过多会影响行车、车站工作人员信号瞭望等,而股道间距较小难以满足设立支柱的要求,所以多采用软横跨或硬横跨形式(图2-109)。

图2-109 软硬横跨

1. 软横跨

多股道接触悬挂通过横向线索悬挂在线路两侧的支柱上的装配方式称为软横跨。

(1)软横跨结构。

软横跨是多股道站场接触悬挂的横向支持装置,由站场线路两侧支柱(称为软横跨支柱)和悬挂在支柱上的横向承力索、上下部固定绳、软横跨直吊弦及支持和连接它们的零件组成。软横跨既解决了站场美观度、股道间距不足问题,同时又经济、实用,见图2-110。

图2-110 软横跨

横向承力索是软横跨的主要构件，承受各股道纵向接触悬挂的全部垂直负载，由于横向承力索承重较大，因而选用 GJ-70 镀锌钢绞线，在股道数较多或负载较大时，采用两根 GJ-70 钢绞线，称为双横承力索，为了减小横承力索中的张力，降低对支柱容量要求，横承力索一般有较大弛度。

上部固定绳的作用是固定各股道的纵向承力索，并将纵向承力索的水平负载（如风力、曲线力等）传递给支柱。

下部固定绳的作用是固定定位器，以便对接触线按技术要求定位，并将接触线水平负载传递给支柱，上下部固定绳只承受水平力。

软横跨根据其余支柱的绝缘情况分为绝缘软横跨（图 2-110）和非绝缘软横跨（图 2-111）。绝缘软横跨的横向承力索与上下部固定绳均对地绝缘，而非绝缘软横跨的横向承力索与上部固定绳对地不绝缘。绝缘软横跨是我国目前采用的主要形式。绝缘软横跨对地都是绝缘的，有利于带电作业。

图 2-111 非绝缘软横跨

（2）软横跨节点。

软横跨节点是指软横跨所跨越线路的装配形式。为简化软横跨结构表示方式，使用节点来划分不同的软横跨结构。经过归纳综合，制定了 15 种软横跨各种装配形式的节点类型，见图 2-112。

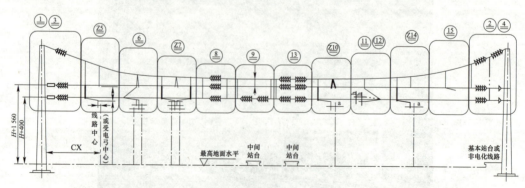

图 2-112 软横跨节点

软横跨节点 1、2、3、4：节点 1、2 适用于 13 m 或 15 m 高的钢柱，节点 3、4 适用于地面以上 12 m 的钢筋混凝土柱。其中节点 2、4 用于站台上的钢柱和钢筋混凝土柱的连接。

软横跨节点 5：适用于无交叉、直线等区域，形式和区间正定位相似（为站场最常用的节点方式）。

软横跨节点 6：和道岔定位相似，下锚向一个方向去（一支全补，一支半补，承力索滑轮有长短之分）。

软横跨节点 7：也和道岔定位相似，下锚向两个方向去（也是一支全补，一支半补，承力索滑轮有长短之分）。

软横跨节点 8：股道间电分段，股道间电气分开（无站台，股道间要求电气分开）。

软横跨节点 9：站台上方安全分段，股道电气不分开（有站台的，股道之间不要求电气分开）。

软横跨节点 10：一支为工作支，一支为非工作支，非支抬高 200~250 mm，用双股铁线用夹环拉起。

软横跨节点 11：非工作支抬高，接触线从下部固定绳下方通过，用双股铁线用夹环拉起。

软横跨节点 12：非工作支抬高，接触线从下部固定绳上方通过，用双股铁线用夹环拉起。

软横跨节点 13：中间站台电分段，站台上方安全分段，股道间电气分开（有站台，股道间要求电气分开）。

软横跨节点 14：站场防串中心锚结，下部同节点 5。

软横跨节点 15：中锚绳穿过软横跨的形式。

为了记忆上的方便，软横跨节点可总结为以下口诀：1、2 钢，3、4 砼，1、3 短，2、4 长，5 中间；6 同拉、7 拉压、8 分段、9 隔离、10 转换；11 下，12 上，11、12 下锚支，13 等于 8+9，14 防串中锚结，15 中锚绳穿过。

（3）软横跨常见的故障。

① 绝缘子损坏。

② 受流部件的烧伤。

③ 弹簧补偿装置的失效。弹簧补偿装置在运行时间长了以后会发生失效现象，从而使接触线下垂，导致导高变低，造成硬点，给行车安全带来隐患。

④ 吊索卡滞引起的导高变化。动态运行的接触网经过震动后，吊索可能会发生卡滞现象，当卡滞后，吊索会将接触线拉高，从而使导高发生变化。

2. 硬横跨

接触悬挂通过金属桁架架设在线路两侧支柱顶上的装配方式称为硬横跨。

硬横跨主要由横梁、支柱和基础组成。硬横跨从接触悬挂的悬吊形式上分为吊柱硬横跨（图 2-113）和定位绳硬横跨（图 2-114）。吊柱硬横跨由横梁和吊柱组成，接触悬挂通过腕臂装置固定在吊柱上。定位绳硬横跨主要由横梁和上下部固定绳组成。

硬横跨不仅具有机械上独立、股道之间不产生影响、事故范围小、结构稳定、抗震动、抗风性能好、稳定性强等优点，而且硬横跨具有较好的刚度，稳定性高，能改善弓网受流，因而又具有磨耗小、可降低离线率等一系列优点。其主要缺点为投资较大、结构较笨重、钢结构防锈成本高、横向跨距不宜过大。

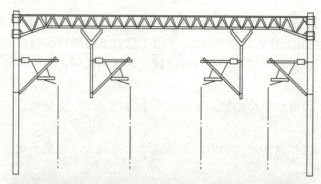

图 2-113　吊柱硬横跨

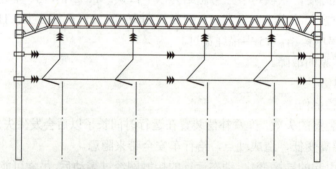

图 2-114　定位绳硬横跨

三、电连接

电连接的作用是保证接触网各导线之间、各分段之间、各股道接触网悬挂之间电流的通畅,以增大导线截面,减小电阻,降低能耗,见图 2-115。一般采用软铜绞线或多股铝绞线,如符号 TRJ-120 mm²,其中,TR 为软铜材质,J 为绞线,120 mm² 为横截面积。

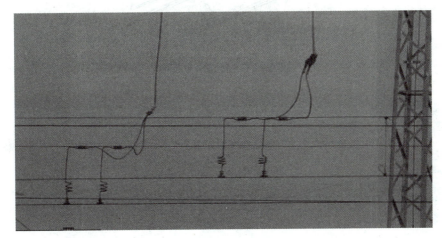

图 2-115 电连接

电连接根据其作用位置分为横向电连接、股道间电连接、道岔电连接、锚段关节电连接等。

横向电连接主要作用是能实现并联供电,多用于承力索和接触线间的电气连接,见图 2-116。

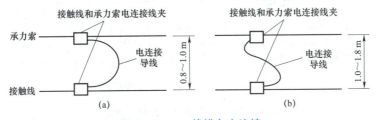

图 2-116 正线横向电连接

(a) C 型;(b) S 型

股道间电连接主要作用能实现几股道接触网并联供电,减少能耗和电压损失,用于多股道接触悬挂间的电气连接,见图 2-117。

道岔电连接用于道岔处两支接触悬挂间的电气连接,见图 2-118。

锚段关节电连接用于非绝缘锚段关节处两支接触悬挂间的电气连接,见图 2-119。

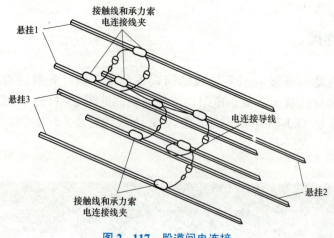

图 2-117　股道间电连接

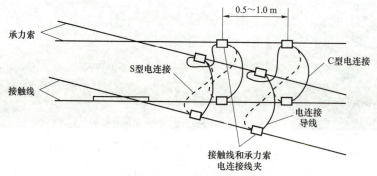

图 2-118　道岔纵向电连接

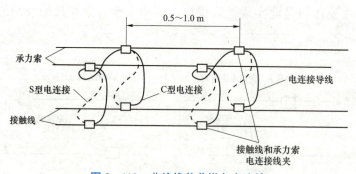

图 2-119　非绝缘关节纵向电连接

四、分段绝缘器

分段绝缘器（图 2-120）是接触网进行电分段时采用的绝缘设备，主要用于各供电分区的电气分隔和机械连接，是接触网的主要设备。在正常的情况下，电客车受电弓带电滑行通过。当某一侧接触网发生故障或因检修需要停电时，可打开分段绝缘器处的隔离开关，将该部分接触网断电以便于在该独立区段进行施工或停电作业，而其他部分接触网仍然能正常供电，从而提高接触网运行的可靠性和灵活性。

 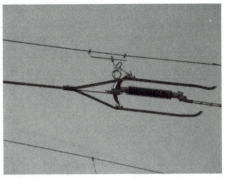

图 2-120 分段绝缘器

分段绝缘器通常情况下设在接触网的渡线、折返线、联络线，车辆段各供电分区之间、洗车库前后及车辆段其他各库线入口处。城市轨道交通柔性接触网所使用的分段绝缘器有德国西门子公司的产品、瑞士 AF 公司的产品、法国加朗公司的产品以及一些其他形式的分段绝缘器。柔性接触悬挂所使用的分段绝缘器主要由分段绝缘器本体、V 形吊索及其连接、悬吊等配套零件组成；其主绝缘材质为硅橡胶材料或环氧树脂，导流板材质为铜，其余部件材质由不锈钢组成。图 2-121、图 2-122 为德国西门子分段绝缘器。

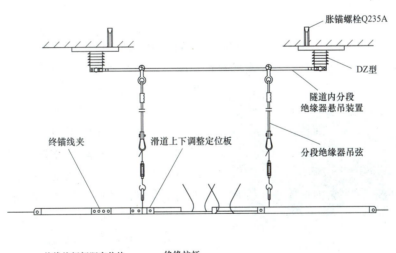

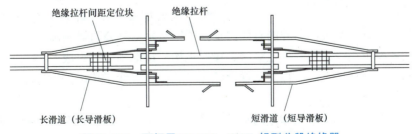

图 2-121 西门子 FDJYQ-CWL 轻型分段绝缘器

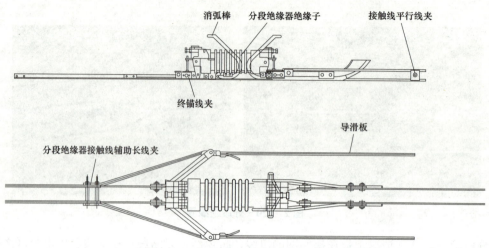

图 2-122　西门子 8WL5541-1 重型分段绝缘器

轻型分段绝缘器适用于停车场和库线，其绝缘材料由绝缘杆制成，如上海地铁 1 号线站场、2 号线站场等。重型分段绝缘器适用于主线和主线交叉渡线，绝缘部件为爬电距离 440 mm，抗拉 130 kN 的绝缘子，并带有消弧角，便于大电流通过，如上海地铁 1 号线、2 号线等。

五、隔离开关

隔离开关（图 2-123）是一种没有熄弧装置的开关电器，供接触网在无载情况下进行倒闸，电气隔离。隔离开关在分闸状态有明显可见断口，在合闸状态下能可靠地通过正常工作电流和短路故障电流。

图 2-123　隔离开关

隔离开关主要有电动隔离开关、手动隔离开关和带接地刀闸的手动隔离开关三种类型，见图 2-124。电动隔离开关主要用于接触网上网点、正线供电分区联络处；手动隔离开关主要用于车辆段各供电分区的联络处、折返线和存车线与正线间联络处；带接地刀闸的手动隔离开关主要用于车库、列检库及洗车库电分段处。隔离开关使用的种类很多，国产的有宁波宝鑫、天津长城等隔离开关，国外的有西门子、德雷希尔电气公司等隔离开关。

隔离开关主要由绝缘结构、导电系统、操作机构、接地闸刀等组成。

绝缘结构一般包括通过实心棒型支柱瓷绝缘子和操作绝缘子构成的对地绝缘，以保证不危及工作人员的安全。

导电系统通常包括导电触头和接线端子，另一端为闸刀，闸刀要有足够的压力和自清洁能力。

图 2-124 隔离开关

（a）电动隔离开关；（b）手动隔离开关；（c）带接地刀闸的手动隔离开关

操作部分包括传动杆、操作机构及闭锁装置，操作机构安装在支柱下部，通过传动杆进行隔离开关状态操作。

接地闸刀有带接地闸刀和不带接地闸刀两种。当主闸刀分开后，可操作接地闸刀使其接在处于分闸位置的主闸刀接地触头上，使停电侧接地，保证人身安全。合闸时先断开接地后合闸。图 2-125 为隔离开关的刀闸结构，图 2-126 为隔离开关在支柱的安装，图 2-127 为隔离开关的操作机构箱。

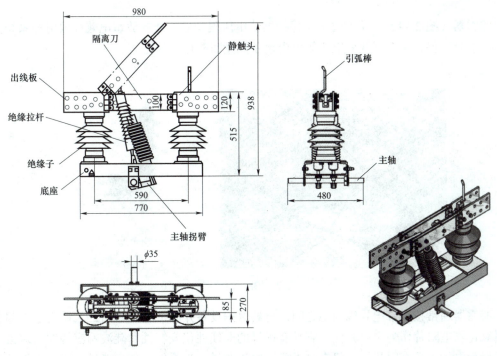

图 2-125 隔离开关的刀闸结构

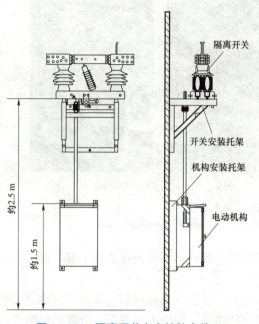

图 2-126　隔离开关在支柱的安装

图 2-127　隔离开关的操作机构箱

六、避雷器

避雷器（图 2-128）又称过电压保护器或电压限制器，能释放雷电兼释放电力系统操作过电压能量，保护接触网或变电所等供电设备免受瞬时过电压危害。

图 2-128　避雷器

避雷器通常接于带电导线与地之间，与被保护设备并联，见图 2-129。避雷器内部采用金属氧化物电阻片作为主要元件，它具有优异的非线性伏安特性和陡波响应特性。避雷器在正常运行电压下呈高阻状态，仅有几十微安电流通过；当系统出现大气过电压或操作过电压时，避雷器呈低阻状态，将有害过电压的能量迅速泄放入大地，使与之相并联的供电设备免受过电压的损害。接触网中产生的过电压会发生绝缘子闪络、击穿、短路等事故，造成接触网设备损坏，安装避雷器后能及时将雷电引入大地。

避雷器从结构上可分为无间隙和带串联间隙两种。接触网避雷器一般安装在变电所供电线在接触网上的网点处、接触网一段露天而另一段进入隧道的入口处、地面线路每隔500 m处。图2-130为金属氧化锌避雷器，图2-131为被击穿的避雷器。

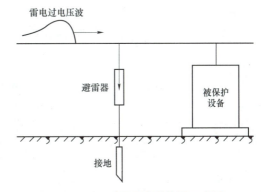

图2-129 避雷器安装位置示意图

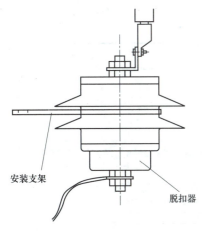

图2-130 金属氧化锌避雷器

图2-131 被击穿的避雷器

七、接地保护

地线（图2-132）也叫保护线，确保接触网在短路异常情况下，及时将泄漏电流流回牵引所，使保护装置动作，能迅速切断电源，保护设备和人身安全。

图2-132 地线

柔性接触网的部分零部件见附录一。

学习单元三

刚性接触网结构与设备

学习内容	刚性接触网结构与设备
学习要点	1. 刚性接触网系统简介; 2. 支持定位装置; 3. 刚性接触悬挂; 4. 刚性其他设备
课程导入	国内外不同城市的刚性接触网的使用情况及与柔性接触网的区别等相关资料
结构框图	刚性接触网结构与设备 → 刚性接触网系统简介 / 支持定位装置 / 刚性接触悬挂 / 其他设备

第一节 刚性接触网系统简介

学习内容	刚性接触网系统简介
知识要点	1. 了解刚性接触网系统发展历程; 2. 熟悉刚性接触网的特点
能力要点	1. 具有能够说明刚性接触网系统发展历程的能力; 2. 具有能够对刚性接触网相关资料进行分析总结的能力
素质要点	1. 具有分析问题和解决问题的能力; 2. 具有查找资料和获取信息的能力; 3. 具有自我管理的能力; 4. 具有沟通和合作的能力

续表

课程导入	传统快速轨道交通建设，通常使用柔性悬挂接触网给列车供电，但其所需隧道空间大，建筑成本高，无法适应城市地铁隧道小型化的发展方向。有没有一种技术，既可以适应小型隧道，又能保障地铁列车受电平稳运行？随着北京新机场线时速 160 km 高速地铁架空刚性接触网成功试运行，这一技术取得重大突破，填补了此领域国内外的技术空白，为地铁建设打开了新空间
结构框图	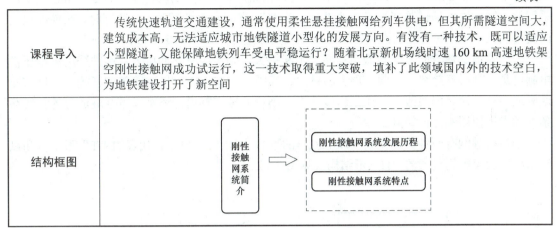

架空刚性悬挂接触网（以下简称刚性接触网，见图 3-1）系统的应用从发明至今已有 100 多年的历史。所谓刚性悬挂就是要考虑整个悬挂导体的刚度。架空刚性接触网是和架空柔性接触网相对应的一种接触网形式，主要用于地下铁道，主要由支持定位装置及刚性接触悬挂两部分组成。刚性接触悬挂主要由汇流排、接触导线、伸缩部件、中心锚结等部分组成。刚性接触悬挂通过支持定位装置安装于隧道顶、隧道壁（隧道外安装于支柱腕臂）上。

图 3-1 架空刚性悬挂接触网

一、刚性接触网系统发展历程

1. 国外发展历程

1895 年，架空刚性悬挂首次在美国巴尔的摩第一条电气化铁路中应用。1961 年，作为架空刚性悬挂主要形式的"T"形刚性悬挂在日本营团城市轨道交通日比古线投入使用。1983 年，作为架空刚性悬挂另一主要形式的Π形刚性悬挂在法国巴黎 RATPA 线投入使用。

刚性接触网已在地铁工程、大型车站、人员密集的场所、集装箱节点站、城市轻轨地铁、干线铁路隧道以及一些特殊工点中得到了有效应用。瑞士 Kerenzerzberg 隧道刚性接触网设计速度为 160 km/h，初期试验速度达到了 185 km/h；奥地利 Sittenberg 隧道的刚性接触网初期试验速度达到了 200 km/h。2004 年奥地利联邦铁路局在其境内干线铁路 Wien–Linz 线上，采用德国联邦铁路局试验列车成功地进行了速度为 350 km/h 的试验，与此同时，在前面提到的奥地利 Sittenberg 隧道刚性接触网区段也成功地进行了速度为 260 km/h 的试验。

城市轨道交通方面，随着城市规模的不断扩大，为了缓解交通压力，地铁采用高电压供电制已是一种必然趋势。法国、瑞士、日本、韩国等国家自 20 世纪 80 年代开始，在城市交通领域中，不论是旧线改造，还是新线建设，不论低净空隧道，还是高净空隧道等各种线路条件都大量使用刚性接触网。

刚性接触网有两种典型代表（以汇流排的形状分），即以日本为代表的"T"形结构和以法国、瑞士等国为代表的"Π"形结构，见图 3-2。

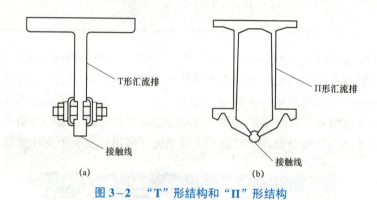

图 3-2 "T"形结构和"Π"形结构

2. 国内发展历程

电气化铁路对刚性悬挂接触网的开发应用始于 20 世纪 90 年代末期，当时仅限于地铁直流系统中采用。2002 年首次在陇海线天兰段成功应用该悬挂方式，石门至怀化铁路石门山隧道为解决低净空问题亦采用了刚性接触网。2004 年兰武线新建的乌鞘岭特长隧道（20.05 km 双单线隧道）首次设计采用 160 km/h 刚性悬挂接触网。

截至目前，包头至西安铁路延安至延安北既有低净空隧道、石怀线扩能改造工程大木山隧道、京九线淮滨至向塘段扩能改造工程 4 座既有隧道、武九线电气化改造工程陈家冲既有上下行隧道、广珠货运线江门隧道、新疆精伊霍铁路北天山隧道、青藏线西格段新建关角上下行隧道、南疆铁路中天山隧道（双单线）、成灌线地下段等均采用了刚性悬挂接触网。

城市轨道交通方面，由中铁电气化局集团有限公司上海地铁工程公司总承在广州地铁一号线坑口站—花地湾站进行了约 135 m 的"Π"形铝合金汇流排刚性悬挂接触网试验段后，这种安装形式被正式引入我国，并在广州地铁二号线隧道段全面采用。广州地铁 2 号线正式对外运营以来，整个系统的良好性能表现，为刚性悬挂这一架空接触网安装形式在我国轨道交通领域的广泛推广使用打下了基础。自 2002 年广州地铁 2 号线刚性接触网试挂成功后，刚性接触网逐步替代柔性接触网，成为城市轨道交通隧道内架空接触网的主要形式。上海地铁 6、8、9、10、11 号线，广州地铁 3 号线，南京地铁 1 号线，成都地铁 1、2 号线，北京地铁 14 号线，深圳地铁 5 号线，长春地铁 1、2 号线等工程均采用刚性接触网。刚性悬挂接触网在我国城市轨道交通领域占有重要的地位。

二、刚性接触网系统特点

1. 结构简单、施工方便

刚性悬挂接触网结构简单,占用净空小,见图 3-3。汇流排的高度为 110 mm,宽为 85 mm,其截面积达到 2 213.7 mm²,其载流相当于 1 200 mm² 的铜导线,相当于 8 根 150 mm² 硬铜绞线。其下嵌入传统柔性悬挂接触导线后,即等同于柔性悬挂承力索、接触导线和架空馈电线的作用,因而刚性悬挂的结构形式相对于柔性悬挂接触网更为简单、更为紧凑,方便施工。

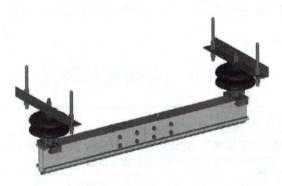

图 3-3 刚性接触网结构

2. 安全可靠、易于维护

首先,刚性悬挂接触网处于无张力自然悬挂状态,它依靠铝合金汇流排的刚性来保持接触导线的位置恒定,不需要像柔性悬挂设置重力下锚张力装置,悬挂结构变得更加简单,节约了有限的隧道空间,这样就降低了新建隧道的工程预算,进而降低了整个地铁工程的成本。

其次,刚性悬挂接触网汇流排和接触导线由于不存在外加的机械张力,故不存在突发断线的潜在威胁,也不必担心由于接触导线过度磨损而导致断线,大大提高了接触网系统的运营安全可靠性。

最后,刚性悬挂接触网的安全可靠性决定了其正式投入运行后,日常维护和事故抢修工作量比柔性悬挂要少得多,事故平均恢复时间较柔性悬挂短得多,能最大限度地保证正常的运营,减轻了维护人员的负担。

3. 国产化高、节约投资

随着广州、南京、上海等城市轨道交通工程的建设,国内接触网设备、材料及零部件的生产厂商已经积累了丰富的经验,除少数用量少、技术要求高、开发难度大的设备(分段绝缘器、膨胀元件等)尚需要引进外,其余的设备、材料及零部件已经基本实现国产化,国产化使用率达到 90%以上,可以大大降低建设成本,投资估算约 100 万元/(条·千米)。

4. 形式特殊、要求较高

由于刚性悬挂采用硬质铝合金材质,施工过程中的一个小小的失误都可能造成难以恢复的永久性缺陷,如不小心造成汇流排永久变形,有可能在锚段中间形成无法修正的缺陷,它不可能像柔性悬挂那样通过系统本身的匹配关系进行弥补。因此,在刚性悬挂施工过程中对系统关键点人员、技术、设备的控制就显得尤为重要,将决定整个项目工程的竣工质量。

设计中对刚性悬挂系统性能要求很高,在设计时要根据设计的车辆运行速度合理地布置支撑点的间距,根据温度变化合理地布置锚段长度。施工中对刚性悬挂系统安装的精度要求更高,有大量的测量工作。如前期的支撑点的测量、锚段关节位置的确定、锚段长度的测量;后期的支撑的高度、汇流排的高度、支撑点的拉出值、锚段关节的测量等。由于导线的高度误差范围非常小,这就要求施工单位做更多大量的、精确的、细致的调整工作。

5. 灵活方便、性能优良

刚性接触网可根据需要,在特殊的地方设计为可移动的形式。如在地铁车辆段检修库及隧道段人防门、防淹门等地方,在需要检修或关闭人防门、防淹门时移去上部刚性悬挂,待检修完成或打开人防门、防淹门后再移回这部分刚性悬挂,恢复正常工作状态,这一特点的优越性是显而易见的。

第二节　支持定位装置

学习内容	支持定位装置
知识要点	1. 掌握刚性接触网支持定位装置的不同结构、优缺点和使用范围; 2. 掌握刚性接触网支持定位装置的常见故障
能力要点	1. 具有能够区分不同类型的支持定位装置的能力; 2. 具有能够分析刚性支持装置的故障原因的能力
素质要点	1. 具有分析问题和解决问题的能力; 2. 具有查找资料和获取信息的能力; 3. 具有自我管理的能力; 4. 具有沟通和合作的能力
课程导入	2014年5月16日深圳地铁2号线分科苑站至世界之窗站上、下行接触网失压,自动重合闸成功,当天运营结束后检查发现是由红树湾站至世界之窗闸门上行RC107定位绝缘子破损引起
结构框图	支持定位装置 → 支持定位装置结构 → 腕臂结构 / "Π"形结构 / 圆形隧道结构等 支持定位装置常见故障 → 绝缘部件闪络、击穿 / 定位装置腐蚀 / 定位线夹状态不良等

刚性接触网主要由支持定位装置、接触悬挂和其他设备(如绝缘部件、架空地线等)等部分组成。

支持和定位装置的作用是通过绝缘子把铝合金汇流排、接触线等固定在隧道顶或隧道壁的规定位置上。其安装形式有腕臂结构、"Π"形结构、圆形隧道结构、马蹄形隧道圆曲线区段结构、高净空隧道结构、低净空安装结构等形式，常见的形式为腕臂结构和"Π"形结构。

一、支持定位装置结构

1. 腕臂结构

腕臂结构如图3-4所示，主要由可调节式绝缘腕臂、汇流排线夹、腕臂底座、倒立柱或支柱等组成，其特点是调节灵活、外形美观，但结构复杂，成本高。此种结构主要用于隧道净空较高或地面线路。

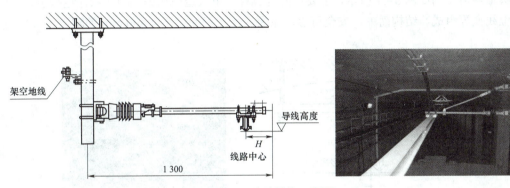

图3-4 腕臂结构示意图

2. "Π"形结构

"Π"形结构如图3-5所示，主要由悬吊螺栓、横担槽钢、绝缘子及汇流排线夹等组成。其特点是结构简单、可靠，但调节较困难，此种结构大量用于隧道内。

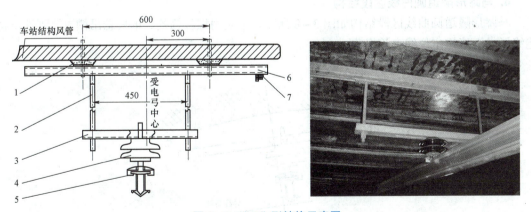

图3-5 "Π"形结构示意图

1—螺杆锚栓；2—T形头螺栓；3—B型单支悬吊槽钢；4—刚性悬挂用针式绝缘子；
5—B型汇流排；6—A型垂直悬吊安装底座；7—120型地线线夹

绝缘部件一般采用公称泄漏距离不小于250 mm的表面上釉的瓷质绝缘子。绝缘子高100 mm，直径为200 mm，下部为内胶装的M16内螺纹式不锈钢附件，上部为内胶装的M16外露螺杆，外露螺纹有效长度为55 mm，螺杆材质为不锈钢，见图3-6。

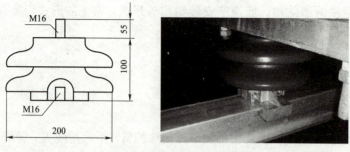

图 3-6 绝缘子结构示意图

3. 圆形隧道结构

圆形隧道结构如图 3-7 所示,主要由螺杆锚栓、单只悬吊槽钢、刚性悬挂绝缘子、汇流排定位线夹等组成。结构简单,安全可靠,主要应用于净空大于 4 400 mm 的隧道。

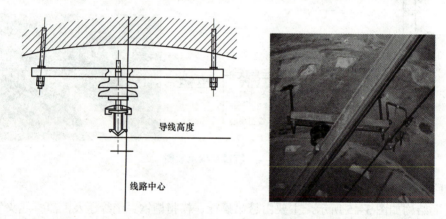

图 3-7 圆形隧道结构示意图

4. 马蹄形隧道圆曲线区段结构

马蹄形隧道圆曲线区段结构如图 3-8 所示,主要由螺杆锚栓、单只悬吊槽钢、刚性悬挂绝缘子、汇流排定位线夹等组成。

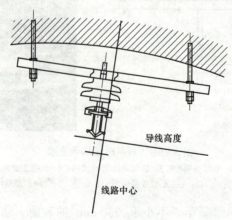

图 3-8 马蹄形隧道圆曲线区段结构示意图

5. 高净空隧道结构

高净空隧道结构如图3-9所示，主要由螺杆锚栓、吊柱、单只悬吊槽钢、刚性悬挂绝缘子、汇流排定位线夹、垂直悬吊安装底座、架空地线线夹等组成。

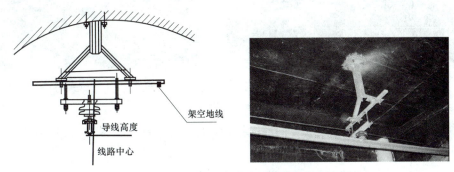

图3-9　高净空隧道结构示意图

6. 低净空安装结构

低净空安装结构如图3-10所示，主要由锚杆螺栓、绝缘横撑、定位线夹、刚性悬挂绝缘子等组成，应用于净空小于4 400 mm的隧道。其特点是安装空间小、结构简单、可靠。

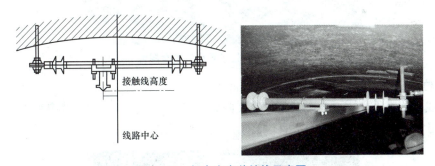

图3-10　低净空安装结构示意图

二、支持定位装置常见故障

1. 绝缘部件闪络、击穿

地铁线路多为地下隧道线路，列车受电弓滑板运行摩擦的炭粉和运行时带起的粉尘及隧道内设备维修时的油污会导致接触网悬挂定位绝缘子脏污及破损（图3-11）。在隧道环境内潮湿并伴有隧道漏水时，绝缘子表面吸附尘埃及工程车尾气悬浮颗粒物质形成水膜，致使绝缘子性能降低产生放电闪络。在隧道现场漏水严重的地方，绝缘子长期在潮湿环境下带电运行，造成绝缘性能下降，当绝缘值降低到极限值时会引发内部绝缘击穿，发生对地短路故障，同时瞬间强大的电流产生巨大的能量释放，导致绝缘子爆裂（图3-12）。

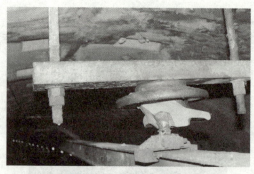
图 3-11 绝缘子破损

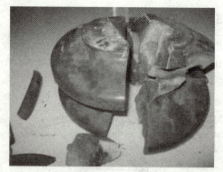
图 3-12 绝缘子爆裂

2. 定位装置腐蚀

隧道漏水会加剧定位装置金属件的性能损伤，发生腐蚀现象（图 3-13），缩短其使用寿命，增加维护成本。

图 3-13 定位装置腐蚀的金属件

3. 定位线夹状态不良

定位线夹状态不良主要表现在定位线夹固定不牢或螺栓松动、定位线夹变形（图 3-14）或断裂等方面。当定位线夹状态不良时会引起定位脱落或者开断。

图 3-14 定位线夹变形

4. 预埋件脱落

预埋件脱落会直接导致支持定位装置脱落。图 3-15 为站台风管楼板断裂造成刚性支持定位装置的脱落。

图 3-15 站台风管楼板断裂

第三节 刚性接触悬挂

学习内容	接触悬挂
知识要点	1. 掌握不同汇流排的作用、材质及类型； 2. 掌握汇流排的常见故障； 3. 掌握刚柔过渡元件的类型； 4. 了解刚性接触悬挂使用接触线材质及类型； 5. 掌握锚段长度划分及锚段关节的类型； 6. 掌握中间锚结的作用及常见故障
能力要点	1. 具有区分不同类型的汇流排的能力； 2. 具有安装汇流排中间接头的能力； 3. 会区分不同类型的刚柔过渡设备； 4. 具有区分不同类型的刚性锚段关节的能力
素质要点	1. 具有分析问题和解决问题的能力； 2. 具有查找资料和获取信息的能力； 3. 具有自我管理的能力； 4. 具有沟通和合作的能力
课程导入	2013 年 9 月 8 日晚上 8 点 13 分，杭州地铁 1 号线的地铁列车行驶至此，顶部的受电弓摩擦导致接触网中的铜线从汇流排上脱落，供电产生短路、跳闸。由于列车无法行驶，被困钱塘江底隧道中，列车上 113 名乘客不得不沿着隧道步行 20 多分钟返回至江陵路站。通过案例体会接触网发生事故造成的影响并分析案例中发生问题的原因

续表

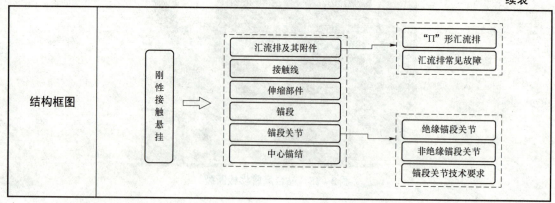

刚性接触悬挂主要有"Π"形刚性悬挂和"T"形刚性悬挂,通过支持与定位装置安装于隧道顶或隧道壁上,见图 3-16。也有安装于支柱上的情况,不过这种情况很少见。这两种结构均可分为单接触线式和双接触线式,见图 3-17。下面以单接触线式"Π"形(图 3-17(a))结构为主要对象进行描述。

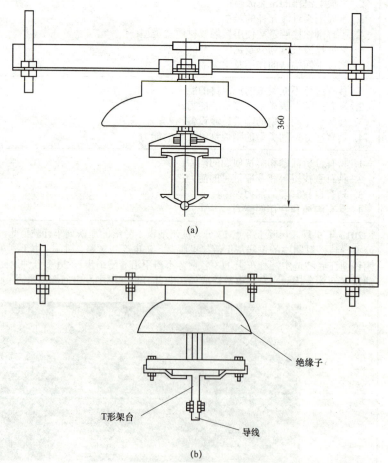

图 3-16 "Π"形刚性悬挂安装图(隧道)和 T 形架空刚性悬挂安装图(隧道)

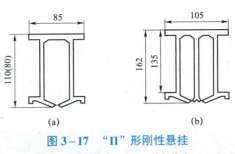

图 3-17 "Π"形刚性悬挂
(a) 单接触线式；(b) 双接触线式

刚性接触悬挂由汇流排及其附件、接触线、伸缩部件、锚段及锚段关节、中心锚结等组成。

一、汇流排及其附件

汇流排是刚性悬挂接触网系统中，用于夹持固定接触线并承载电流的部件。它是地下区段刚性架空接触网的关键部件，既是接触线的悬挂支持体，也是接触网的主要载流导体。汇流排一般用铝合金材料制成，其形状一般做成"T"形和"Π"形两种。

"T"形汇流排采用长夹板和螺栓固定接触导线，结构比较复杂，安装、维修极不方便，当需要更换接触导线时，必须松开所有与其相关的螺栓，既费工又费时。"Π"形汇流排利用其自身的弹性固定导线，汇流排底部有特殊设计的工作导槽，使得专用的、将弹性钳口张开的放线小车可以沿汇流排运行，大大提高了放、换线速度。总体来看，"Π"形结构比"T"形更趋合理。

汇流排的材质到目前为止公认特别适用的是导电材料铝合金，其特点是电阻率低，适用于承载大电流负荷的场合，耐腐蚀性能好，材料经热处理硬化及强度提升后具有优良的机械性能，有利于降低汇流排的弛度从而可增大悬挂支撑点的跨度，减少悬挂的数量，节省工程材料。嵌入的接触导线高度一般为 4 040 mm。

1. "Π"形汇流排结构

"Π"形结构汇流排包括标准型汇流排及汇流排中间接头、汇流排终端、刚柔过渡元件等其他附加组成。

（1）标准型汇流排。

标准型汇流排（图 3-18）一般有 PAC110 和 PAC80 两种，是刚性接触悬挂的主要组成部分，其长度一般被制成 10 m 或 12 m，主要作用是夹持、固定接触线，承载和传输电能。

图 3-18 标准型汇流排

（2）汇流排中间接头。

汇流排中间接头是用于两根汇流排之间机械和电气连接的部件。每一段汇流排之间用汇流排中间接头连接，见图 3-19。汇流排中间接头主要由汇流排接头连接板和螺栓组成，既保证被连接的两根汇流排机械上良好对接，又有足够大的接触面积，确保导电性能良好。长度一般为 400 mm。

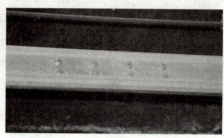

图 3-19　汇流排中间接头

（3）汇流排终端（弯头）。

汇流排终端安装在每段汇流排的终端，也称汇流排弯头（图 3-20）。弯头由一端弯曲的 7.5 m 的汇流排制成。弯头的斜面长 1 500 mm，端部抬高 70 mm，这是为了满足最大斜度不超过 1/20。弯曲处的半径是 6 m。弯曲时必须保证汇流排夹口的开口在 4.7～5.3 mm 范围内。在弯头另一端钻有连接用孔。

汇流排终端安装于锚段的终端，主要用作膨胀接头、绝缘分段或者是道岔。斜面部分是出于安全的需要。实际上，在膨胀接头处的弯头按下面方法调整：受电弓从一段弯头的直线部分过渡到另一弯头的直线部分，不接触斜面部分。

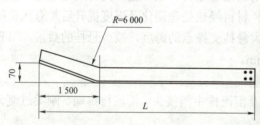

图 3-20　汇流排终端

（4）刚柔过渡元件。

刚柔过渡是指由刚性接触悬挂转换为柔性接触悬挂的衔接过渡。它是刚性悬挂与柔性悬挂实现无缝连接的关键部位，通常设在架空柔性接触网和汇流排的交汇点处。刚柔过渡元件一般有关节式刚柔过渡（图 3-21）和贯通式刚柔过渡（图 3-22）两种方式。

关节式刚柔过渡，即柔性悬挂与刚性悬挂平行交叉一段，形成类似关节的形式进行过渡。在刚柔过渡的切入点处，刚性悬挂与柔性悬挂分开，刚性悬挂导高应比柔性悬挂导高抬高 25 mm 左右，经过一段距离的刚柔并列运行后，柔性悬挂接触线逐渐抬高，直至脱离接触网的正常工作高度而退出运行，以便刚柔悬挂平滑过渡，不至于在刚性悬挂切入点处形成硬点。关节式刚柔过渡适用于较低速度（80 km/h）的线路，当线路设计速度高于 100 km/h 时，宜采用贯通式刚柔过渡。

贯通式刚柔过渡元件的长度为 5 m,见图 3-23。过渡元件顶面加工成不同深度的切槽(截面积逐渐减小)以逐步减小惯量和增加末端的弹性,用于刚性悬挂与柔性悬挂过渡处,其作用是保证两种悬挂方式的平滑、顺畅过渡,避免产生硬点。由于加工减小了铝排夹口夹持铜线的弹力,所以在铝排上间隔 480 mm 共钻了 7 个通孔,并用 15 N·m 的力矩紧固 7 个 M10 的不锈钢螺栓。安装这些螺栓之后,夹口的弹力就可以得到保证。

具体实施方案是在架空刚性悬挂的开始段,采用一段约 5 m 的刚性逐渐减少的切槽式刚柔过渡元件与一根 7.5 m 长的汇流排终端组成一小锚段,架空柔性悬挂的一支接触线嵌入带切槽式汇流排的小锚段后将其末端下锚。其他接触线及承力索分别下锚。该小锚段再和下一锚段刚性悬挂形成锚段关节。

图 3-21　关节式刚柔过渡

图 3-22　贯通式刚柔过渡

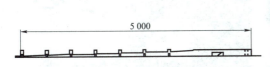

图 3-23　刚柔过渡元件

(5)防护罩。

防护罩(图 3-24)直接安装在汇流排或刚柔过渡本体上,用于隧道口处汇流排的防尘、防雨等或隧道内有严重漏水的区段。

(6)汇流排接地线夹。

为了确保检修时工人的安全,必须通过专用的接线柱将接触网接地。接线柱一般用于柔性网的接地,不能直接用于刚性网。接地装置安装在铝排的上面,有一个 16 mm 杆用于接地。图 3-25 为汇流排接地线夹。

图 3-24　防护罩

每个接地装置由四个用于固定铝排的半夹组成。半夹用 CHCM8 的不锈钢螺栓正对着连接，螺母可以被半夹自锁，紧固力矩 8 N·m。

 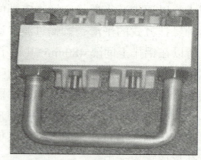

图 3-25 汇流排接地线夹

2. 汇流排常见故障

如果汇流排发生故障，将会直接导致其安全性能降低，设备精度减小，轻则导致故障部分的接触网瘫痪，重则直接影响列车的速度与稳定性。汇流排常见的故障包括以下方面：

（1）因隧道漏水造成汇流排表面腐蚀、斑点，导致汇流排夹口力过小，接触线脱槽（图 3-26）。

（2）汇流排线夹卡滞，无法随着温度变化窜动。

（3）汇流排接缝较大，容易产生硬点。

（4）隔离开关上网引线较重，造成汇流排扭曲变形。

（5）锚段关节处调整不到位，汇流排终端接触线磨耗严重，撞击受电弓。

（6）刚柔过渡处接触线高度突变，容易产生硬弯（图 3-27）。

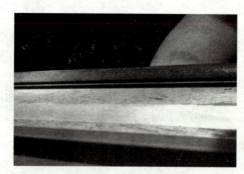 

图 3-26 接触线脱槽　　　　图 3-27 接触线损伤、扭曲和硬弯

二、接触线

接触线即接触导线，是接触悬挂中与受电弓直接接触的、带有特殊沟槽形式的传导电流的导线。目前国内常使用银铜合金接触线、纯铜接触线、镁铜合金接触线三种接触线，但由于银铜合金的耐磨性、导电性能和耐腐蚀性能都较好，故一般采用截面积为 120 mm² 或 150 mm² 的银铜导线，即 CTAH120 mm² 和 CTAH150 mm²（符号同柔性接触网的接触线），截面见图 3-28。广州地铁、成都地铁等城市建成的刚性接触网的接触线都选用截面为 120 mm² 银铜合金接触线。

接触线通过特殊的机械镶嵌于"Π"形汇流排上，与汇流排一起组成接触悬挂。

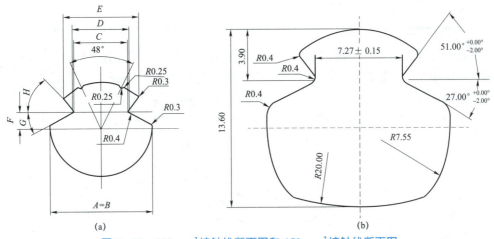

图 3-28　120 mm² 接触线断面图和 150 mm² 接触线断面图

❋ 三、伸缩部件

伸缩部件（图 3-29）其功能是能在一定范围内自由伸缩，同时又能满足电气性能的要求，即既能保证电气上的良好接触和导电的需要，又能保证机械上的良好伸缩性。一般一个锚段安装一个膨胀元件，其作用是补偿铝合金汇流排与银铜接触线因热胀系数不同而产生的热膨胀误差。根据计算，半个锚段汇流排与接触线的热胀差值大概是 70 mm。

图 3-29　伸缩部件

❋ 四、锚段

刚性接触网是一种几乎没有弹性的接触网形式，适应于隧道内安装，其设计速度一般不大于 160 km/h。刚性悬挂分成若干锚段，每个锚段长度一般不超过 250 m，跨距一般为 6～12 m，且与行车速度有密切的关系（表 3-1）。

表 3-1　PAC110型汇流排速度与跨距的关系

速度/(km·h^{-1})	60	70	80	90	100	110	120
跨距/m	12	11	10	9	8	7	6

刚性接触悬挂布置成正弦波的形状,一个锚段形成一个正弦波,各悬挂点与受电弓中心的距离(相当于柔性接触悬挂的拉出值或之字值)一般不大于200 mm,见图3-30。

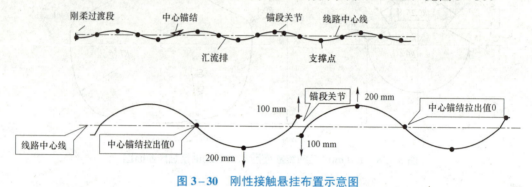

图3-30　刚性接触悬挂布置示意图

五、锚段关节

为了缩小停电范围,方便故障查找,灵活安排作业,刚性接触悬挂也设有绝缘锚段关节和非绝缘锚段关节。图3-31为绝缘锚段关节和非绝缘锚段关节。

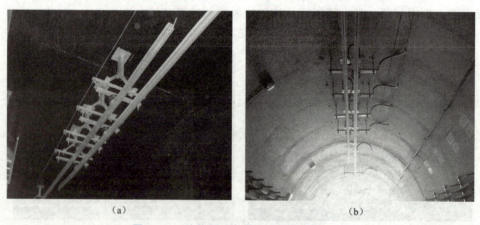

图3-31　绝缘锚段关节和非绝缘锚段关节
(a) 绝缘锚段关节；(b) 非绝缘锚段关节

1. 绝缘锚段关节

绝缘锚段关节两终端采用汇流排终端可防止机车通过刚性悬挂锚段关节时发生打弓、刮弓等事故,保证机车受电弓平稳过渡。其水平距离为260 mm,接触线外露长度为150 mm。绝缘锚段关节的结构见图3-32。

2. 非绝缘锚段关节

非绝缘锚段关节(图3-31(b))两终端的水平距离为150 mm,其余与绝缘锚段关节相同。

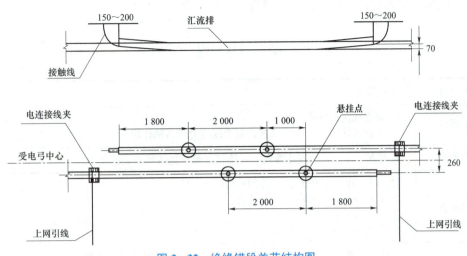

图 3-32 绝缘锚段关节结构图

3. 锚段关节技术要求

非绝缘锚段关节两支悬挂的拉出值一般分别为±75 mm，两线之间距离为150 mm，允许误差为±20 mm。

绝缘锚段关节两支悬挂的拉出值一般分别为±130 mm，两线之间距离为260 mm，允许误差为±20 mm。

锚段关节处的两支接触线在关节中间悬挂点处应等高，转换悬挂点处非工作支比工作支高出0～4 mm。且受电弓在双向通过时应平滑无撞击和拉弧现象。

六、中心锚结

刚性接触悬挂中心锚结的结构主要由中心锚结线夹、绝缘线索、调节螺栓及固定底座组成。其作用是防止接触悬挂窜动。图3-33为单接触线式"Π"形结构架空刚性接触悬挂中心锚结。

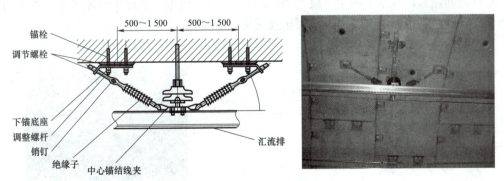

图 3-33 中心锚结示意图

刚性接触悬挂中心锚结常见的故障包括因温度变化可能会造成调整螺栓不受力、松弛；因隧道潮湿可能会造成中心锚结绝缘棒击穿或闪络；因施工安装或维护不到位，可能会造成中心锚结线夹紧固螺栓松动,汇流排随温度变化而发生少量位移。

第四节 其 他 设 备

学习内容	其他设备
知识要点	1. 掌握线岔的作用、组成; 2. 掌握电连接、分段绝缘器、架空地线等设备的作用
能力要点	具有区分线岔、分段绝缘器、电连接、架空地线等装置的能力
素质要点	1. 具有分析问题和解决问题的能力; 2. 具有查找资料和获取信息的能力; 3. 具有自我管理的能力; 4. 具有沟通和合作的能力
课程导入	接触网的线岔是关系行车安全的关键设备之一,很多弓网事故多发生于此。接触网在道岔区的平面布置是否合理直接影响到受电弓的取流安全和质量,如何实现轨道交通可靠的接触网道岔区设计,是提速、改造工程实施中重点研究的内容之一
结构框图	其他设备 ⇒ 线岔 / 电连接 / 分段绝缘器 / 架空地线

一、线岔

在刚性悬挂系统中,采用无交叉线岔结构,正线接触悬挂不中断,单独一根侧线与正线接触悬挂侧向错开,其水平间距一般为 200 mm,使列车受电弓在此处时能平滑无撞击通过,进而实现转道且不中断电气畅通。平面布置图见图 3-34。

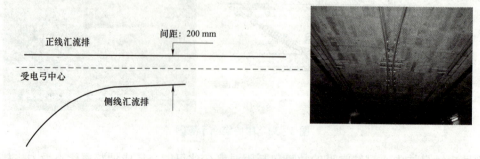

图 3-34 刚性接触悬挂线岔

线岔安装技术要求：

① 单开道岔处，两接触悬挂之间的间距为 200 mm，允许误差为±20 mm。平行段长度为 2 000 mm；

② 交叉渡线道岔处的线岔，在交叉渡线处两线路中心的交叉点处，两支悬挂的汇流排中心线分别距交叉点 100 mm，允许误差为±20 mm；

③ 线岔处在受电弓可能同时接触两支接触线范围内的两支接触线应等高。

④ 在受电弓始触点处，渡线接触线应比正线接触线高出 0～4 mm；在受电弓双向通过时应平滑无撞击且不应出现固定拉弧点。

⑤ 线岔处电连接线、接地线应完整无遗漏，连接牢固。

为保证道岔区正线接触悬挂的电气和机械的连续性，刚性接触网的安装是用一些气隙分段装置来完成的，见图 3-35。直线上刚性接触网架设没有中断，岔道上的汇流排末端与直线上汇流排成平行间隙，间隙为 200 mm，整体是一个很短的气隙分段装置。

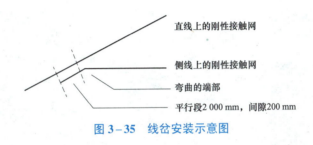

图 3-35　线岔安装示意图

二、电连接

刚性接触悬挂的电连接是用铜芯电缆通过铜铝过渡设备线夹进行连接的，见图 3-36。在汇流排上安装汇流排电连接线夹，铜铝过渡线夹安装在汇流排电连接线夹上，再与铜芯电缆相连接。每根电缆最大横截面积为 150 mm^2。

电连接根据安装位置的不同分为锚段关节电连接、道岔电连接、隔离开关电连接等几种。

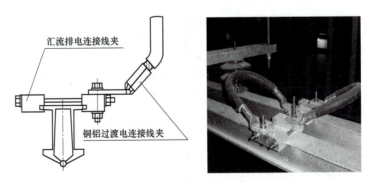

图 3-36　电连接示意图

三、分段绝缘器

刚性接触网也可用分段绝缘器来进行电分段。在正线间的渡线上（即上下行线之间的连接线）安装分段绝缘器以实现电分段。

刚性悬挂分段绝缘器主要由玻璃纤维绝缘棒和可以使受电弓在两边滑动的悬臂组成。滑动部分的悬臂能更好地消除受电弓通过时产生的电弧。分段绝缘器安装在受电弓中心位置，两个尾部均应精确对准避免设备发生扭转，见图3-37。

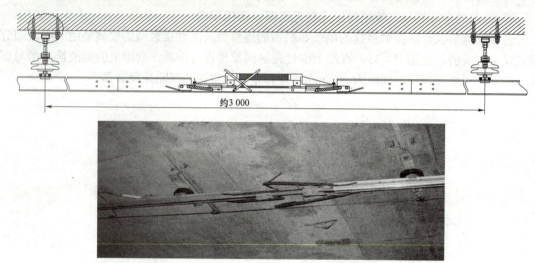

图3-37 分段绝缘器示意图

四、架空地线

架空地线终端锚固安装见图3-38。

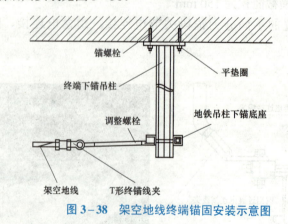

图3-38 架空地线终端锚固安装示意图

刚性接触网的部分零部件见附录二。

学习单元四

接触轨结构与设备

学习内容	接触轨结构与设备
学习要点	1. 接触轨简介； 2. 接触轨结构
课程导入	国内外不同城市的接触轨的使用情况及与柔性接触网的区别等相关资料
结构框图	接触轨结构与设备 → 接触轨简介 / 接触轨结构

第一节 接触轨简介

学习内容	接触轨简介
知识要点	1. 熟悉接触轨系统在我国的应用； 2. 掌握接触轨供电系统原理； 3. 熟悉刚性接触网的特点； 4. 掌握接触轨技术特征； 5. 掌握接触轨的布置原则和安装位置
能力要点	1. 具有区分不同类型接触轨的能力； 2. 具有说明不同位置的接触轨布置方式的能力
素质要点	1. 具有分析问题和解决问题的能力； 2. 具有查找资料和获取信息的能力； 3. 具有自我管理的能力； 4. 具有沟通和合作的能力
课程导入	2012年2月27日18时11分至18时37分，北京地铁10号线三元桥至太阳宫上行区间，发生接触轨跳闸现象，导致运营中断26 min，影响了乘客的正常出行。事故发生的直接原因是临时存放的鱼尾板不稳固，受列车运行振动影响，产生位移，与接触轨搭接，造成了接触轨跳闸。通过案例体会接触轨设备故障造成的影响

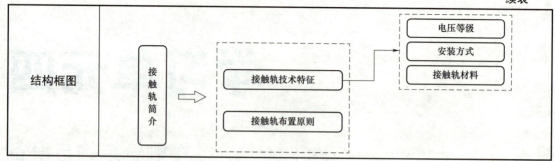

续表

接触轨是安装在走行轨旁,供给列车电能的特殊输电设备,被形象地称为"第三轨",见图4-1。它广泛用于城市轨道交通中的地铁和轻轨等线路,其功能和架空接触网一样,通过它将电能输送给电动列车。不同点在于,接触轨是敷设在线路旁的钢轨,电动列车由伸出的受电靴与之接触而获得电能。

接触轨供电方式最早出现在伦敦地铁,从20世纪80年代开始,接触轨开始广泛应用于城市轨道交通。接触轨供电方式在国内最早应用于1969年建成并试运营的北京地铁1号线,接触轨系统采用直流825 V的电压等级,后随着牵引变电所设备的改造而成为直流750 V,安装方式为上部接触授流方式,接触轨安装于线路前进方向的左侧,材质为低碳钢。随后新建的城市线路如天津地铁、武汉地铁、广州地铁等不断对接触轨技术进行革新,大力推动了接触轨技术的发展。

图4-1 接触轨

接触轨一般安装在距走行轨中心距离约1.4 m、距轨面高度约0.44 m(具体数据要根据机车集电靴设置参数而定)处,结构简单、安装方便、节省净空、减少投资、减轻维修量、使用寿命长、架设方式不影响周围的景观等优点使其越来越具有发展前景。

一、接触轨技术特征

接触轨供电是以接触轨为正极、走行轨为负极,并通过馈线电缆和回流电缆与牵引变电所连接。采用接触轨供电系统的列车下部设有集电靴(受电靴)。列车通过集电靴与接触轨滑动接触而获得电能。

接触轨的技术特征有三个:一是电压等级;二是安装方式;三是接触轨材料。

1. 电压等级

目前世界上城市轨道交通中的直流牵引网电压等级虽然很多,但我国国标《城市轨道交通直流牵引供电系统》规定的供电制式为直流 750 V(DC 750 V)和直流 1 500 V(DC 1 500 V),故接触轨系统的电压等级也采用这两种等级。

2. 安装方式

一般情况接触轨根据授流位置的不同可分为上接触式、侧接触式和下接触式三种,对应的接触轨也就称为"上接触式接触轨""下接触式接触轨"和"侧接触式接触轨",见图 4-2。

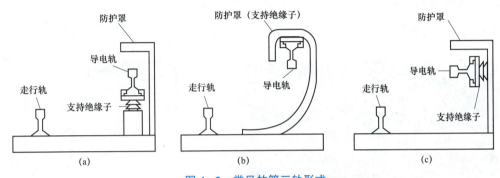

图 4-2 常见的第三轨形式
(a)上接触式第三轨;(b)下接触式第三轨;(c)侧接触式第三轨

(1)上接触式接触轨。

上接触式接触轨安装于走行轨的一侧,接触轨的授流面朝上,受电靴通过下压力取流。接触轨的上方和一侧有防护罩保护,对人员接近和冰雪侵扰有一定防护作用。此方式结构稳定可靠、安装维护方便、授流方式简单,且造价相对较低,但该方式只能从顶部和线路外侧对接触轨进行防护,因此防护不够严密,安全性稍差,接触轨表面容易附着杂物、粉尘、冰雪等,对列车取流会产生一定的影响。上接触式接触轨如图 4-3 所示。我国的北京地铁 1 号线、北京地铁 2 号线工程等接触轨也属于上接触方式。

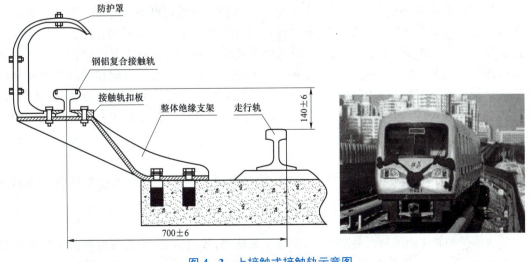

图 4-3 上接触式接触轨示意图

（2）下接触式接触轨。

下接触式接触轨向下安装在特殊的防护罩的内侧，接触轨的授流面朝下，受电靴通过上抬力取流。此方式受气候条件影响小，接触轨不易附着杂物、粉尘及冰雪，且可以从顶部和内、外侧对接触轨进行防护，防护罩可以紧密地罩住接触轨，防护更加严密，有利于防止人员无意识地触及接触轨带电部分，因而此种方式安全性更高，美观且耐候性较好。但同时由于维修时观察不方便及需拆卸防护罩等问题会比上接触式接触轨的运营维护工作量大，相应费用较高。下接触式接触轨如图 4-4 所示。我国投入运营的武汉地铁一期、广州地铁 4 号线等属于下接触方式。

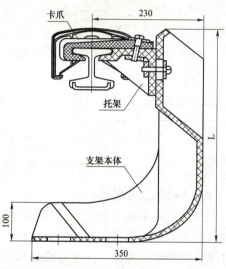

图 4-4　下接触式接触轨示意图

（3）侧接触式接触轨。

侧接触式接触轨类似于上接触式接触轨，接触轨的授流面与轨顶面垂直，机车受电靴通过侧向压力取流。与上述两种授流方式相比，侧面授流方式有两个较突出的优点：一是接触轨的终端弯头向侧面外弯，不占下部空间，离积雪较远，也不占上部空间，容易处理与车体的距离关系；在线间距较宽的道岔区，它可以顺道岔导曲线延伸，缩短道岔区的无电区长度。二是它所受到的授流器侧向压力较为稳定，不会因为授流器脱轨而对接触轨和支架产生过大的侧向推力，运行更加可靠。但此种类型只能从列车顶部和线路外侧对接触轨进行防护，也存在防护不够严密、安全性稍差的问题。侧接触式接触轨如图 4-5 所示。此种方式主要在德国、英国等少数国家采用，我国目前没有运营经验和车辆受流器的生产运用经验。

3. 接触轨材料

接触轨的材料有低碳钢材料和不锈钢-铝合金复合材料，故一般称低碳钢导电轨和钢-铝合金复合接触轨，见图 4-6。

（1）低碳钢接触轨。

低碳钢接触轨主要的特点是磨耗小、制作工艺成熟、价格较低，主要规格有 DU48 和 JU52 型，见图 4-6（a）。北京地铁的上接触式接触轨使用我国自行生产的 JU52 型渗铝低碳钢接触轨（钢号为 0.5 Al），单位质量 51.36 kg/m，单位长度电阻为 1.91×10^{-5} Ω/m（+15 ℃），标准制造轨长 12.5 m 的接触轨在隧道外焊接成 50～75 m 长度的轨节（在隧道内轨节长度可以加倍），轨节之间做成轨缝式膨胀接头，构造简单，维护简便，运行 30 年来上表面仅磨耗 3～5 mm，约占接触轨截面的 6%，运行反映良好。

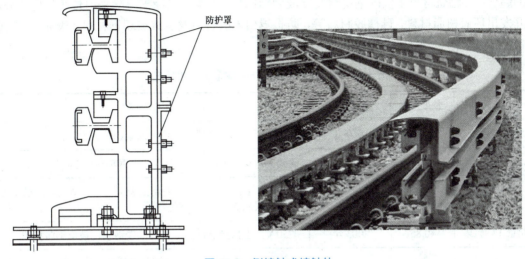

图 4-5　侧接触式接触轨

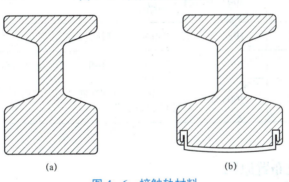

图 4-6　接触轨材料

(a) 低碳钢接触轨；(b) 钢-铝合金复合接触轨

由于低碳钢接触轨电阻率高，压降大，20 世纪 70 年代以来，国外开始研究导电性能优越的铜接触轨和使用耐磨性好的钢材与导电性好的铝合金材料构成复合接触轨来取代低碳钢接触轨。由于铜接触轨的使用受到了成本和资源的限制，因而成本相对低廉、资源相对充裕的钢铝复合接触轨得到了较广泛的应用。

(2) 钢-铝合金复合接触轨。

不锈钢-铝合金复合接触轨简称"钢铝复合接触轨"或"复合接触轨"，主要特点是导电率高、重量轻、磨耗小、电能损耗低且接触面光滑、耐磨耗。钢铝复合轨是由钢和铝组合而成（图 4-6 (b)），其工作面是钢，而其他部分是铝。以载流量 3 500 A 的复合接触轨为例，单位质量 11.16 kg/m；复合接触轨截面积约 3 705 mm²（其中，铝合金轨体截面积 3 485 mm²，不锈钢截面积 220 mm²）；单位长度电阻 0.91×10^{-5} Ω/m(+20 ℃)；标准轨长为 9 m 或 10 m，通过专用鱼尾板连接成 120 m 的轨节，轨节之间用专用膨胀接头连接。据报道，温哥华地铁使用的钢铝复合接触轨在运行5年后实测平均磨耗0.04 mm/年,据此推算其使用寿命为40～50年。我国天津1号线、武汉1号线等都采用复合接触轨。

随着技术的不断发展,电压等级由直流750 V发展到直流1 500 V;安装方式由以上部接触授流为主导发展成为上部接触授流与下部接触授流方式并存,并有向下部接触授流方向发展的趋势;接触轨材料由低碳钢材料发展成为钢铝复合材料,绝缘支座除采用传统的电瓷外,还开发出环氧树脂材料、硅橡胶材料等,防护罩由木板材料发展成玻璃钢材料。表4-1为我国目前部分城市接触轨的应用情况。

表4-1 我国目前部分城市接触轨的应用情况

线路	长度/km	建成时间	技术特点
北京1号线	24.17	1969年	750 V,上部接触授流,采用低碳钢轨、木防护罩
北京2号线	16.1	1976年	750 V,上部接触授流,采用低碳钢轨、木防护罩(改进型)
北京复八线	12.7	1999年	750 V,上部接触授流,采用低碳钢轨、玻璃钢防护罩(试验段),采用3000 V支柱绝缘子
北京13号线	40.85	2003年	750 V,上部接触授流,采用低碳钢轨、玻璃钢防护罩
北京八通线	18.96	2003年	750 V,上部接触授流,采用低碳钢轨、玻璃钢防护罩,复合绝缘子
天津1号线	26.2	1984年	750 V,上部接触授流,采用钢铝复合轨
武汉1号线	28.5	2004年	750 V,下部接触授流,采用钢铝复合轨
广州4号线	41.14	2005年	1 500 V,下部接触授流,采用钢铝复合轨、整体绝缘支架、玻璃钢防护罩

二、接触轨布置原则

不同类型线路的接触轨布置位置有所区别。在区间高架桥线路中,接触轨安装于列车运行方向的右侧,见图4-7。在区间隧道内,接触轨安装于列车运行方向的左侧,见图4-8。接触轨在车站站台处布置在站台的对侧,避免乘客跌落在线路上而引发电击事故,见图4-9。

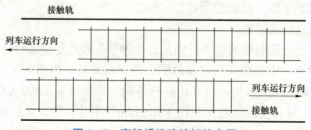

图4-7 高架桥线路接触轨布置

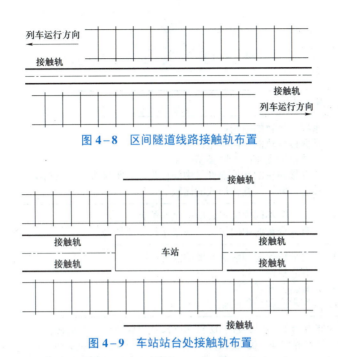

图 4-8 区间隧道线路接触轨布置

图 4-9 车站站台处接触轨布置

一般情况下,在直线区段安装接触轨,接触轨中心至轨道中心的水平距离为 1 510 mm,接触轨授流面距离走行轨顶面的垂直距离为 200 mm,施工允许偏差为±5 mm,见图 4-10。在曲线区段安装接触轨,接触轨面安装不但要与走行轨面保持平行,接触轨中心至轨道中心的水平距离和接触轨授流面至走行轨顶面垂直距离也要与直线区段相同。施工允许偏差为±5 mm。圆弧应圆顺、无硬弯,见图 4-11。

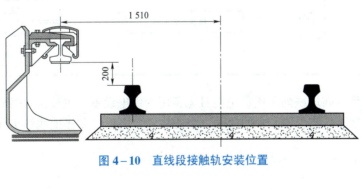

图 4-10 直线段接触轨安装位置

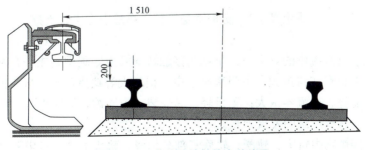

图 4-11 曲线段接触轨安装位置

第二节　接触轨结构

学习内容	接触轨结构
知识要点	1. 掌握接触轨的结构； 2. 掌握接触轨的不同类型； 3. 熟悉绝缘支座的不同类型； 4. 掌握接触轨的其他部件（中间接头、膨胀接头、端部弯头等）； 5. 熟悉接触轨与其他形式的比较
能力要点	1. 具有区分不同安装形式接触轨的能力； 2. 具有区分普通中间接头、膨胀接头等的能力
素质要点	1. 具有分析问题和解决问题的能力； 2. 具有查找资料和获取信息的能力； 3. 具有自我管理的能力； 4. 具有沟通和合作的能力
课程导入	2005 年 4 月 10 日夜间 02 点 30 分，武汉轻轨线路人员按计划对硚口路站的硚口 2 号道岔进行保养作业，03 点 50 分作业，因施工工具（撬杠）较长，从接触轨下方穿过时，触碰接触轨，造成车场接触轨短路，QK2DG&L1G 授电箱炸裂、变形报废，未造成人身伤害。通过案例体会城市轨道交通系统是一个复杂的整体机构
结构框图	接触轨结构 → 接触轨三大部件 → 接触轨、绝缘支座、防护罩；接触轨其他部件 → 中间接头、端部弯头、中心锚结

接触轨系统作为向地铁列车提供电能且无备用的供电设备，主要由接触轨、绝缘支座、端部弯头、膨胀接头、防护罩、中间接头、中心锚结、电连接和接地线等组成。

一、接触轨三大部件

接触轨、绝缘支座（或绝缘子）、防护罩是接触轨系统中送电、支撑、防护的三大件。

1. 接触轨

接触轨是接触轨系统中的导电轨，早期的接触轨一般由低碳钢制成，有耐磨、价廉、安装简单等优点，但也存在自重大、电阻率高、电能损耗大等缺点。现在采用的钢-铝复合导电轨具有导电性能好、电流容量大；重量轻，易安装；耐腐蚀、耐磨性好，使用寿命长；经济效益好等优点，具有广阔的发展前景。

钢-铝复合接触轨由轨头、轨腰、轨底三部分构成。轨头部分与受电靴接触部位的材料一般为不锈钢，轨的主体材料为铝合金。不同制造厂家的钢-铝复合轨在整体结构、钢铝结合的形式、不锈钢带厚度、截面积等方面都有所不同。典型的钢-铝复合轨从整体结构上可以归为两大类，即C形和工字形。

（1）C形钢铝复合接触轨。

C形钢-铝复合接触轨的整体结构为"C"形，见图4-12（a），轨头位于C形的左侧，轨底位于C形开口侧。轨底支撑面被C形开口分为两个L形支撑脚。两支撑脚的宽度总和约为整个轨底宽度的1/3。轨头顶面为矩形平面，轨头内面中心沿纵向有一V形槽。V形槽的两肩在复合前为一平肩，复合后临近开口处的部分随V形槽变深而凹陷，使两肩由平肩变成台阶肩。V形槽的两肩下各有一个沿纵向通长的圆孔，可以增加铝本体的表面积，有利于接触轨的通风散热。在铝合金本体与不锈钢的结合面上，沿纵向开有四条直角梯形槽，槽的一个侧斜边有2°的斜角，槽口宽槽底窄，便于异形钢带上突起的筋条在钢铝复合前顺利嵌入。复合变形后，槽口变窄，与钢带上的筋条相吻合，使铝本体与不锈钢带紧紧地扣合在一起不致分离。斜边与槽底的过渡圆角部分有沿纵向的微小沟槽，相邻两沟槽间形成细牙齿。牙齿在复合时受钢带接触面的反压作用而变形，从而破坏铝本体表面形成的氧化膜，保证接触面间的导电性能。

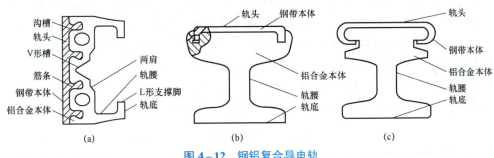

图4-12 钢铝复合导电轨

作为轨头顶面的异形不锈钢带，其横截面结构由两部分组成，即直接与受流器接触并接受磨损的钢带本体，以及潜入铝本体而主要起连接支撑作用的筋条。钢带本体为宽100 mm、厚6 m的矩形，顶面与受电靴接触，其宽度和平直度能够保证可靠供电，厚度能满足寿命要求。钢带本体与铝本体结合部分有4条沿纵向通长的立筋条，筋条的横截面也近似为一直角梯形，梯形的两个外角以及与钢带本体相交的两个内角均为圆弧过渡，斜边的根部过渡圆弧向筋的实体内部凹进，形成一内凹圆弧，使筋条的顶部宽于根部。筋条顶部的宽度与铝本体上梯形槽的槽底宽度一致，保证能够较自由地置入铝本体。复合后，筋条根部的内凹圆弧被受压变形的铝本体材料填充，使铝本体上的梯形槽变成槽口窄、槽底宽，从而保证了复合后钢带和铝轨之间的可靠连接，难以剥离。铝本体和钢带的同一侧面（仅在一侧）分别有沿纵向的小沟槽，用于钢铝复合工艺和安装时的定位标识。

（2）工字形双包式钢-铝复合接触轨。

工字形钢-铝复合接触轨的整体横断面形状与普通工字形钢轨类似。其中一种结构见图4-12（b），整体横断面形状由轨底、轨头及轨腰三部分构成，以铝合金为主体，轨头顶面与受电靴接触部位包覆厚度为4~6 mm的钢带。钢带的结构与包覆的工艺有关，不同制造厂家的结构有所不同。钢带及其包覆工艺的差异性，也使整个轨头部分的结构各不相同。钢带的典型结构之一为浅槽型，槽底的整个宽度与受电靴接触，是轨头的有效工作宽度，其厚度则取决于寿命周期内的腐蚀和磨损量。槽的壁板主要是嵌入铝本体，内壁包覆在铝本体上，外壁被铝本体所包覆（因此又称为双包式），保证钢铝复合后，钢带不至于剥离或产生纵向和横向的滑移。由于壁板的两侧均与铝本体接触，从而还增加了钢铝之间的结合面积，保证了钢铝间机械和电气连接的可靠性。壁板的内侧高度一般为 10 mm 左右，在壁板的高度中心沿横向钻有小孔，小孔的直径约为壁板内侧高度的一半，以保证孔在壁板的顶部不豁口，在壁板的根部不与槽底干涉。孔沿钢带的纵向均匀分布，孔距约为孔径的 4 倍。孔的作用为：在钢铝包覆的过程中，使壁板外侧的铝在压力的作用下挤入其内，如同铝本体上形成了一个个圆柱形凸起，嵌入钢带的孔内，类似于无间隙的销轴连接。因此，钢带上的孔是钢铝可靠复合的一个关键结构。使铝嵌入孔内，也是钢铝复合工艺工程的一个重要环节。

（3）工字型外包式钢－铝复合接触轨。

工字型外包式钢－铝复合接触轨的整体结构见图 4-12（c），其整个钢带均包在铝本体的外面。为了达到外包且能包得牢、不剥离，其钢带的整体结构如两个 J 形对接起来，整体形成一个 C 形。J 字的竖线作为钢带的顶部，双钩作为钢带的侧壁，钩在铝本体轨头侧面的半圆弧凸起上。铝本体的侧面有能够容入钢带钩头部分的倒 V 形槽。V 形槽又将铝本体头部侧面分为上下两部分，侧面的上部分为凸起的半圆弧，与钢带钩部内侧半圆弧的半径相同。铝本体顶面有宽 10 mm、深 0.5 mm、沿纵向开通的矩形槽，两个 J 形钢带在槽的中心线沿纵向形成对接焊缝。矩形槽可容纳焊接时的多余焊料，使焊缝的高度大于被对接钢带的厚度，既保证了焊接强度，又使钢带上形成一条潜入铝本体的纵向筋条。

接触轨标准制造长度一般为 15 m，挤压成型。国内常见的钢－铝复合轨结构主要技术参数见表 4-2。每段接触轨通过普通接头连接，安装、更换方便。

表 4-2 常见的钢－铝复合轨结构主要技术参数

名称	钢铝复合接触轨
轨高/mm	105
轨底宽/mm	80
接触面宽/mm	65
总宽/mm	92
重量/(kg·m^{-1})	14.58
标准长度/m	15
20 ℃时的单位电阻/(Ω·km^{-1})	≤0.008 3
接触轨持续电流/A	≥3 000
60 s 的峰值电流/A	≥10 000
3 s 动稳态电流/A	≥60 000

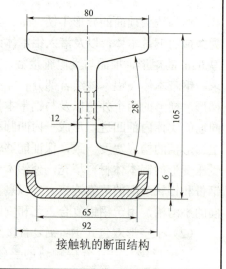

接触轨的断面结构

2. 绝缘支座

绝缘支座是接触轨系统中支撑接触轨并起绝缘作用的装置，一般有普通绝缘子式及整体绝缘支架式，其中上接触式接触轨与下接触式接触轨的整体绝缘支架又不相同。

（1）传统绝缘子。

早期北京地铁 1 号线接触轨系统的绝缘支座采用绝缘子式，由三部分组成：

① 瓷件——材料为电磁，工作电压 1 000 V，抗弯 800 kg；

② 下座——材料为 HT15233 灰铸铁；

③ 上帽——材料为 HT15233 灰铸铁。

瓷制品易碎，不利于安装、维护，随着技术的发展，出现复合材料绝缘子及整体绝缘支架型的绝缘支座。

（2）复合材料绝缘子。

复合材料绝缘子是用玻璃纤维增强不饱和聚酯树脂膜塑料高温模压制成型，颜色为灰色，安装技术与传统绝缘子基本相同。玻璃纤维增强不饱和聚酯树脂膜塑料具有质轻、绝缘、高强、吸水率低、变形小、良好的耐候性等许多优点且具有很强的可设计性，易于根据线路使用要求进行结构设计，使绝缘支撑具备良好的受力性能，满足各种负荷受力要求。绝缘子上部通过螺钉连接金属头和两个接触轨卡子将接触轨抱住定位；绝缘子下部通过带大垫圈的螺栓将下部绝缘子压盖固定在槽钢底座上，再将底座同道床或轨枕连接。绝缘子主体为圆柱形空心结构，带环状防污槽，下部为方形法兰盘。金属头嵌入绝缘体中，带防脱、防转动槽。接触轨卡子左右各一件，鸭嘴结构，外侧带 2 条竖肋，螺钉通过中间开孔同金属头连接。绝缘子压盖是带有孔边加强的固定孔的盖状结构，绝缘体柱状主体与压盖一体成型。

750 V 上接触式接触轨系统复合材料绝缘子的主要性能为：污耐受电压≥5 kV；工频干耐受电压≥40 kV；工频湿耐受电压≥20 kV；爬电距离≥180 mm；抗弯载荷≥20 kN；抗压载荷≥30 kN。复合绝缘子外观示意图见图 4-13。

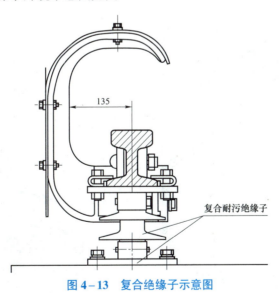

图 4-13 复合绝缘子示意图

（3）上接触式接触轨的整体绝缘支架。

750 V 上接触式接触轨系统的整体绝缘支架采用 SMC 片状模塑料（玻璃纤维增强不饱和聚酯片材）在高温高压下使用金属对模的模压成型法压制成型，主要性能为：污耐受电压≥5 kV；工频干耐受电压≥40 kV；工频湿耐受电压≥20 kV；爬电距离≥180 mm；抗弯强度≥200 MPa；抗弯载荷≥16 kN。外观如图 4-14 所示。

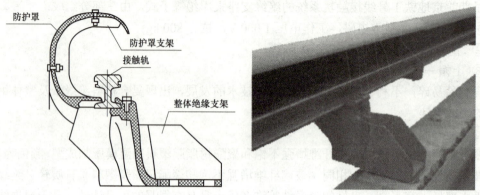

图 4-14　上接触式整体绝缘支架

（4）下接触式接触轨的整体绝缘支架。

1 500 V 下接触式接触轨系统的整体绝缘支架由玻璃纤维增强树脂（GRP 玻璃钢）采用模压工艺制造，主要包括以下部件：支架本体、接触轨托架、接触轨扣件（即卡爪）。

接触轨托架和支架本体通过各自接触面的齿槽咬合，经螺栓连接成为一体，齿槽咬合起到了垂直限位的作用，同时接触轨安装时可进行上下微调；接触轨托架与接触轨扣件也经螺栓连接成为一整体；接触轨扣件具备的特殊结构可防止接触轨扣件沿接触轨敷设方向左右摆动。绝缘支架的长孔，可使整体绝缘支架在水平方向有 30 mm 的调整余量，在垂直方向有 40 mm 的调整余量，从而保证接触轨的相关安装距离。下接触式整体绝缘支架结构见图 4-15。

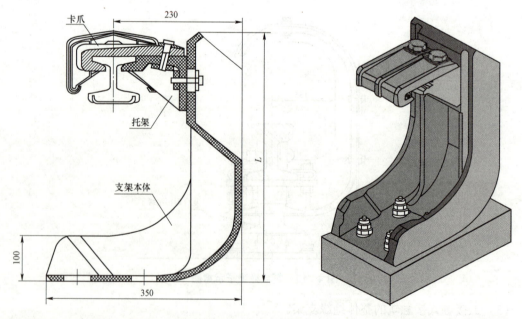

图 4-15　下接触式整体绝缘支架结构

接触轨是按照标定距离 3~5 m 置于绝缘支架装置之上，绝缘支座也通过相配套的底座安装固定在道床上，安装到位示意图如图 4-16 所示。

图 4-16 接触轨安装到位示意图

3. 防护罩

防护罩的作用是尽可能地避免人员无意中触碰到带电设备,一般采用玻璃纤维增强树脂材质制造。要求防护罩载荷能力好,并在高温下具有自熄、无毒、无烟、耐火等性能。上接触式接触轨的防护罩见图 4-17(a),下接触式接触轨的防护罩见图 4-17(b)。

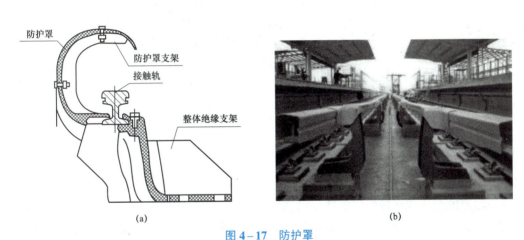

图 4-17 防护罩

(a) 上接触式接触轨防护罩;(b) 下接触式接触轨防护罩

二、接触轨其他部件

1. 中间接头

(1) 普通接头(鱼尾板)。

普通接头适用于固定连接相邻接触轨并传导电流。普通接头采用本体毛坯挤压成型,表面强度高,粗糙度低,外形尺寸准确。加工时只需根据需要长度锯断,并打孔即可。因此,它具有足够的强度来满足连接固定的机械要求,同时它的截面积足够大,可以承载接触轨的持续电流。接头本体的轮廓与接触轨腰面紧密相贴,确保电流续接的要求。

每一套普通中间接头配有紧固件 4 套,每套包括螺栓、碟形弹垫各一个,螺母、平垫各两个。螺栓、螺母规格为 M16,普通接头的螺栓防松是通过采用双螺母防松。

普通中间接头本体上有四个 $\phi 17$ mm 孔,且对称分布,并预先在工厂加工好。因此,安装方便,无安装方向要求。具体结构见图 4-18。

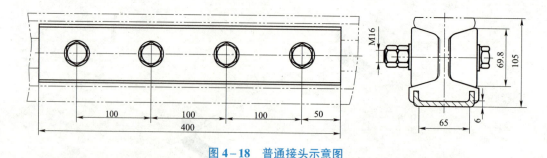

图4-18 普通接头示意图

接触轨接缝部位要求安装平齐,保证覆不锈钢带一侧安装平齐,不允许有高低不平或扭转现象,安装精度为 0.5 mm。安装效果见图 4-19。

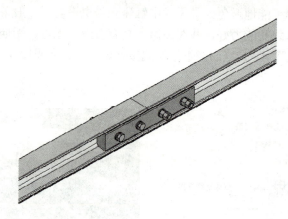

图4-19 安装效果

(2)膨胀接头。

环境温度的变化或运行中电流产生的热量都会造成接触轨温度的变化。使接触轨因热胀冷缩而产生长度变化。因此需要安装膨胀接头在机械和电气特性两方面连接两根长轨中间的空隙。

国产常见的膨胀接头一般由两根长轨(左右滑轨)和一根短轨组成。为了保证受电靴顺利通过膨胀接头,长轨和短轨一般要对角切掉 15°(长短轨的接缝为斜角),这样可以使表面连续,间隙可以调整并且可以重合,以便受电靴可以平滑地从一端过渡到另一端。左右滑轨的作用是让受电靴在膨胀点过渡时减小运行中产生的电弧。为了帮助电能转换,在设计上考虑了一个中间块用来协助受电靴。

长轨和短轨的连接靠锚固夹板(特殊的长普通接头)通过三个螺栓安装在左右滑轨及中间轨的两侧,锚固夹板与短轨为固定连接,而两根长轨在连接锚固夹板的位置开有长孔,这种锚固夹板是一种特殊的夹板,与左右滑轨接触的面比中间低 0.1~0.2 mm,而且三个螺栓的紧固力矩也不相同,中间螺栓的紧固力矩为 50 N·m,两边为 20 N·m。锚固夹板两边在螺栓紧固力矩的作用下,发生弹性变形,使其与左右滑轨密切相接,加上锚固夹板与左右滑轨及中间轨的接触面涂有导电脂,因此,具有良好的导电性能。在滑轨外采用双蝶簧和双螺母的防松措施,保证了磨损后和振动的情况下,夹板与滑轨之间始终保持适当的压紧力。总之,膨胀接头这种结构可以满足当膨胀接头两侧的接触轨因热胀冷缩而产生长度变化时,其左右伸缩自如得到补偿，又具有良好的导电性能。这样既保证电流续接良好，又使左右滑轨随温度变化伸缩导向准确。

电流连接器主片、副片采用紫铜材质，导电性好，表面镀银，使得主副片滑动时接点接触良好，导电性能提高。U 螺栓上配有弹簧，弹簧在用螺栓紧固时压缩 6～11 mm，弹力为 480～500 N，主副片之间的摩擦力为 124～130 N，这个力使主副片既紧密相切，又能左右滑动。铜垫板、U 螺栓垫板等导电零件也采用紫铜材质，表面镀银，既保证了电气连接的可靠性，又不会产生任何电化学腐蚀。

膨胀接头的载流量一般应大于接触轨的载流量。

膨胀接头与接触轨可用普通中间接头进行连接。

膨胀接头结构图见图 4-20。

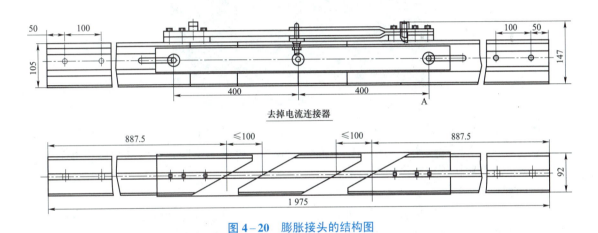

图 4-20 膨胀接头的结构图

膨胀接头长 1 975 mm，在直线段，膨胀接头应尽量安装在两个支架装置的中心部位，最少膨胀接头的每一端距支架装置的距离不小于 400 mm。膨胀接头安装效果见图 4-21。

图 4-21 膨胀接头的实际安装效果

弯道段中设置膨胀接头，则会使绝缘支架及膨胀接头受到很大的张力。膨胀接头的滑动块会因为这一额外张力而加速磨损，绝缘支架也会很快磨损。所以一般不在弯道处设置膨胀接头。在特殊情况下，也会出现半径小于 300 m 的弯道必须设置膨胀接头的情况，此时膨胀接头依然能起到作用，可是会使膨胀接头张开及闭合的张力转移作用于绝缘支架上。鉴于锚固之间的距离，这一点应引起重视。

(3) 电连接用中间接头。

电连接用中间接头除了连接两根独立的钢铝复合轨外还用于将外部电流引入接触轨,安装效果见图 4-22。每个中间接头可以连接 8~12 根 240 mm^2 的导线。导线必须留有足够余量,避免向复合轨施加额外的力,从而阻碍复合轨在纵向的移动。

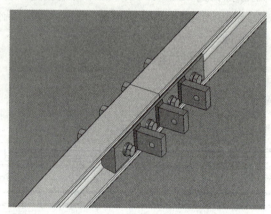

图 4-22 电连接用中间接头安装效果

电连接用中间接头能安装在接触轨的任何位置,如牵引变电所出口、接头、弯头、电分断或道岔处。要求电连接用中间接头的截面积足够大,可以承载接触轨系统的持续电流,保证输送满负荷接触轨额定电流时不过热。

2. 端部弯头

端部弯头安装在一段接触轨断口处,是为了保证列车在额定速度运行时,受电靴能够平滑地接触和脱离复合轨。端部弯头一般采用与系统所用相同类型的接触轨加工制造。

端部弯头按照正线和车场线分为两种,正线弯头长度为 5.2 m,端部弯头两端的高度差≥126 mm;车场线弯头长度为 3.4 m,端部弯头两端的高度差≥129 mm,端部弯头同接触轨之间采用普通接头连接。

端部弯头采用两个绝缘支架进行支撑,端部弯头一般与接触轨有同样的截面和形状,能与任意成品接触轨断面相匹配,可通过电连接用中间接头或普通中间接头进行连接,连接部位没有坡度,因此能够保证端部弯头与接触轨之间密贴,而不会形成高低差,保证受电靴顺利通过。

端部弯头具有良好的耐电弧烧损、耐冲击特性,具有自熄弧功能。合理的坡度可满足行车速度要求和耐电弧要求,5.2 m 的正线端头的坡度一般为 1:41,3.4 m 车场线端头的坡度一般为 1:22。每一个端部弯头的端部都经过预弯,坡度更大一些,这样能保证端部弯头具有更好的自熄弧特性。

典型的端部弯头结构见图 4-23。安装实际效果见图 4-24。

3. 中心锚结

中心锚结是接触轨锚段中部用于防止接触轨纵向移动的装置,可防止接触轨向两侧不均匀窜动,保持膨胀区段的中点位置。中心锚结一般分为普通中心锚结和大坡度中心锚结,一般情况下中心锚结采用普通中心锚结,在线路纵向坡度超过一定数值时(如 20‰)用大坡度中心锚结。

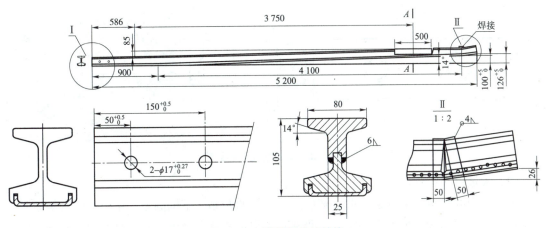

图 4-23 端部弯头的结构

图 4-24 端部弯头实际安装效果

（1）普通中心锚结。

普通中心锚结一般设置在锚段的中部，安装在整体绝缘支架两侧，用于防止接触轨长轨向两侧不均匀地窜动，见图 4-25。

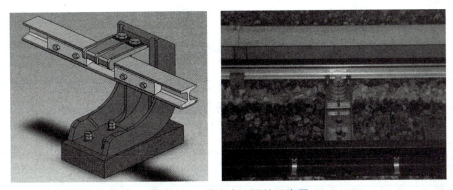

图 4-25 普通中心锚结示意图

普通中心锚结一般由两组普通防爬器组成。每套普通防爬器由一对梯形截面铝块组成，用两套紧固件连接，每套包括螺栓、碟形弹垫各一个，螺母、平垫各两个。普通防爬器的螺栓防松是通过采用碟形弹垫和双螺母保证的。普通防爬器每个铝块上都已钻好两个 $\phi 17$ mm 孔，用不锈钢螺栓紧固在轨腰上。与接触轨连接采用两套 M16 不锈钢螺栓。普通防爬器的结构见图 4-26。

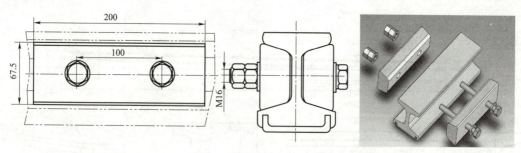

图 4-26 普通防爬器的结构

(2) 大坡度中心锚结。

大坡度中心锚结一般安装在曲线部位绝缘支架的两侧,下锚固定,用于防止接触轨长轨向两侧不均匀窜动。大坡度中心锚结有两种,分别是斜拉绝缘子式和双组普通中心锚结式。斜拉绝缘子式见图 4-27。

 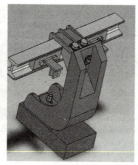 

图 4-27 大坡度中心锚结

双组普通中心锚结式的大坡度中心锚结结构形式与普通中心锚结的结构基本相同,由于两组普通中心锚结的间距较小,一般间距为 600~700 mm,因此中间两组防爬器一般为单孔形式的防爬器。

三、接触轨与其他接触网形式的比较

架空接触网与接触轨用于城市轨道交通已有多年的历史,在我国也属于成熟技术,均能满足行车要求。新技术、新材料的出现使得不同类型接触网都有了新的进步,都在不断发展完善当中。柔性架空接触网需要架设支柱,支持悬挂接触网要安装腕臂或横跨,横跨由金属桁架或横向承力索、上下定位绳组成。在城市中间密布支架和电线网,影响市容,有碍观瞻。当然通过巧妙的规划设计可以减少不利影响。

刚性架空接触网一般用于地铁隧道,不仅隧道净空较少,而且其汇流排载流面积大,无张力架设,不会发生断线事故,即使发生故障,故障范围也很小,可靠性优于柔性架空接触网,减少了维修工作量。

接触轨授电的接触轨位置低,没有明显的高大部件(如立柱、横向承力索、金属桁架等),城市景观好,对电磁污染较易采取防护措施。这也是国内外某些城市轨道交通采用接触轨授电方式的原因之一。钢铝复合轨用作接触轨,改善了接触轨授流形式的技术性能,扩大了接

触轨授流方式的应用范围与前景。

在安全性方面,封闭运行的城市轨道交通采用架空式接触网或接触轨都完全能保证安全,但在发生事故疏散乘客时架空式接触网将给人们更多的安全感。

无论柔性架空接触网、刚性架空接触网还是接触轨,都因其不同的特点而应用于不同需求的城市轨道交通线路,都是可行的牵引接触网形式,在各自的应用领域中仍不断发展进步,不存在孰优孰劣的问题。

学习单元五

接触网设计与施工

学习内容	接触网设计与施工
学习要点	1. 接触网设计； 2. 接触网施工
课程导入	国内不同城市接触网区间、站场平面图等相关资料
结构框图	接触网设计与施工 → 接触网设计 / 接触网施工

第一节　接触网设计

学习内容	接触网设计
知识要点	1. 熟悉接触网设计的影响因素； 2. 了解接触网设计阶段； 3. 熟悉接触网设计内容； 4. 了解接触网系统设计接口； 5. 识读接触网平面图
能力要点	1. 具有说明接触网设计与其他方面的接口内容的能力； 2. 具有识读接触网的图例及平面图的能力
素质要点	1. 具有分析问题和解决问题的能力； 2. 具有查找资料和获取信息的能力； 3. 具有自我管理的能力； 4. 具有沟通和合作的能力

续表

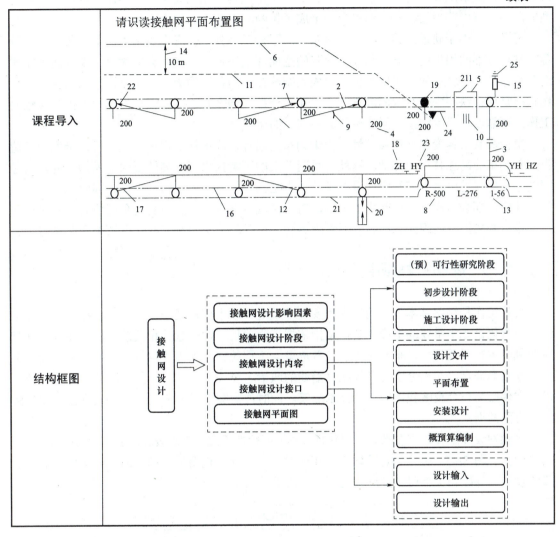

一、接触网设计影响因素

接触网是沿轨道线路上空架设的向电动列车供电的特殊形式的输电线路,因此周边的很多因素会影响接触网的设计过程。

受天气因素的影响。因为接触网是直接暴露于大气中的,所以天气对于接触网的影响是十分明显的。接触网的各项基本参数会随着天气的变化而变化,如冬天与夏天线索张力的不同、覆冰条件下接触悬挂的负载增大等。故成功的接触网设计能够使接触网受天气的影响降到最小。

受周边环境的影响。由于接触网的架设是紧紧跟随轨道的,因此轨道周边的环境成为影响接触网工况的又一大因素。例如,轨道周边建筑物与轨道的距离、附近的牵引供电配套设施、是否存在无线基站以及接触网会不会通过桥涵隧道等。不同的原因必然存在着不同的解决方案，在复杂地域环境下，接触网的设计与施工无疑是相当繁杂的。因此，如何在不同类型的周边环境中确保接触网工作稳定安全成了接触网设计中的重中之重。

无备用。由于轨道线路上方净空紧张，除了接触网外，还存在着诸如避雷设备、通信设备、站台等不同用途的设施。因此，紧张的空间环境决定了接触网只能建造一条，而不能建造备用。同时，紧张的牵引电力供应也成为制约接触网备用的因素。所以，接触网良好的工作状况是保证铁路安全有效的因素之一。在设计接触网之时，就必须想方设法地提高接触网工作的可靠性，避免因接触网的事故影响列车的运行。

负荷具有快速变化性和移动性。由于列车的运行速度很快，造成的后果就是接触网负荷也随着列车的高速移动而移动。这就对弓网关系的平衡提出了更高的要求。因为，良好的弓网关系是保证受电弓受流稳定的重要条件，也是列车能否正常运行的保证。因此，在接触网的设计中，都会考虑过负荷带来的影响，对于接触网来说，能否耐受过负荷成为检验接触网设计是否合格的重要因素。同时，消除因震动、抬升所带来的负荷变化也是十分重要的。

二、接触网设计阶段

设计工作是铁路基本建设的一个重要环节，是一项十分重要的辅助工作。接触网设计是铁道电气化设计中重要的组成部分，是指依据工程项目书、国家的相关政策法规和技术规范对接触网进行参数计算、平面布置、设备选型、工程统计、工程概算等工作的总称。设计工作必须依靠群众，在充分了解设计线路沿线的政治、经济、人文、自然资源的情况下展开，设计文件必须充分反映我国国情和技术政策，同时注意吸收国外先进技术，兼顾技术和经济等各方面的因素。

接触网设计工作纷繁复杂，主要包括（预）可行性研究、初步设计和施工设计三个阶段，具体步骤见图5-1。每个设计阶段需要相应的设计条件，也会形成相应的设计文件，前一阶段的设计文件经相关部门审批后作为下一阶段设计的依据和指导。

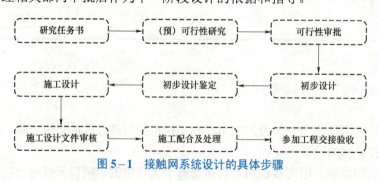

图5-1 接触网系统设计的具体步骤

（一）（预）可行性研究阶段

接触网的（预）可行性研究是根据"设计任务书"进行的，是项目立项的依据，应根据项目建设的长远规划，充分利用国家和行业资料，经过调查踏勘后编制。在可行性研究阶段要解决以下几个方面的问题：项目的范围（拟建的规模、线路起终点、线路方案等）；项目主要技术标准的确定；各项主要设计原则及配合关系；项目经济技术性能比较；项目工期、主要工程数量、投资预估算、资金筹措等方面概算；宏观分析项目对自然和社会环境的影响等方面。

可行性研究文件经审批后作为接触网今后设计的依据和国家控制建设投资的依据。

可行性研究阶段应从技术、经济两方面进行全面深入的论证，采用初测资料编制，主要内容包括：解决线路方案、接轨点方案、建设规模；项目主要技术标准和主要技术设计原则；主要站段方案和规模、重大施工过渡方案；主要工程数量、主要设备概数、主要材料概数；建设工期、投资估算、资金筹措等；项目对环境、水土保持的影响及防治的初步方案，以及节约能源的措施等。可行性研究的工程数量和投资估算要有较高精度。

可行性研究文件中，与接触网有关的主要内容有：

（1）接触网新建及改建范围（线路基本概况、沿线主要工点和工程说明如车站概况等）；

（2）特殊气象区、设计用气象条件及污秽区划分情况；

（3）接触网架设范围；

（4）接触网悬挂类型；

（5）接触网平面布置，主要涵盖内容有：

① 接触网平面布置的主要技术原则。

② 供电分段：变电所、亭位置及供电方式、分相结构及形式、站场、区间及大型建筑物的纵向、横向分段。

③ 锚段关节类型及结构形式。

④ 主要数据：跨距长度、锚段长度及补偿形式、侧面限界及绝缘距离。

⑤ 支柱设备及支持装置：区间支持装置形式及支柱类型；站场支持装置形式及支柱、基础类型；隧道内支持装置。

⑥ 附加导线的架设标准：供电线的类型及支持方式；加强线的类型及架设方式；其他附加导线（回流线、架空地线、AF、PW 线等）的类型及支持方式。

⑦ 防护措施：防雷保护（大气过电压防护）；支柱防护；接地方式；绝缘间隙及绝缘配合；特殊抗干扰防护。

⑧ 接触网运营维修机构：供电工区、车间及供电段位置、规模及管辖范围；主要维修设备及交通机具。

（6）重大特殊设计的原则及新技术应用，如四线并行段等存在亟待解决的问题。

（7）主要工程表，主要材料、设备表及工程概算资料。

（二）初步设计阶段

初步设计是在可行性研究审批通过的基础上进行的，目的在于进一步补充、完善可行性研究，解决可行性研究审批中提出的各类问题，包括设计内容是否齐全，选择的设备是否优良、合理，采用的技术是否先进。设计文件包括三个内容：技术说明书、附件和附表及附图。

1. 技术说明书

（1）设计依据。

设计依据应说明可行性研究的鉴定及审批意见的执行情况，有关接触网设计的相关重大问题，如电化范围、电化限界及对电化进行技术改造的意见及要求、可行性研究设计确定的技术条件以及受电弓特性及接触线允许的风偏移等。

（2）确定接触悬挂类型。

站场、区间接触悬挂的类型以及大型建筑物内的悬挂类型及结构高度等。

(3) 平面设计。

接触网平面布置的原则、相邻跨距的配合；区间、站场及大型建筑物间的配合；供电与分段形式；锚段关节的结构与类型；允许跨距和许可锚段长度以及之字值与拉出值的取值范围等。

(4) 支持装置。

区间支持装置、站场支持装置、桥梁支持装置、隧道内支持装置以及天桥、跨线桥下的支持装置等。

(5) 附加导线类型及支持方式。

供电线、回流线、正馈线的类型、张力、支持方式以及架设原则（合架、架空等）；对电力架空线路的交叉跨越的要求等。

(6) 防护措施。

过电压防护、接地方式、防撞、防落物、绝缘距离及绝缘配合以及其他安全措施等。

主要设备选择：所选设备类型、性能、生产厂家及设备比较选择情况。

(7) 接触网工区的设置。

包括工区位置、定员、规模及工器具的配备。

(8) 存在问题及概算资料。

概算资料包括材料价格、工资标准、拆迁费等经济概算资料。

2. 附件及附表

(1) 主要设备表；

(2) 主要材料表；

(3) 主要工程数量表；

(4) 有关协议、相关问题记录与公文指示等；

(5) 图纸目录表。

3. 附图

(1) 供电与分段示意图；

(2) 典型安装图包括锚段关节示意图，软（硬）横跨装配示意图，桥梁支柱、支持结构示意图，隧道悬挂结构图及隧道内下锚安装示意图以及典型支柱安装示意图；

(3) 其他特殊设计图。

4. 建议

初步设计后需要进行施工设计阶段，为了避免后期难以变更的问题出现，建议在施工图开展前，供电处和供电段应及时地与设计联络并确定如下事项。

(1) 供电分段：特别是大型车站、长大编组站的供电分束；隔离开关的采用；供电线架设方式。

(2) 主要零部件的采用：线夹、下锚装置、电连接线的安装，防松措施等。

(3) 主要设备的选择：绝缘子材质和爬距、分段绝缘器的使用，避雷器的设置。

(4) 工器具的配备。

(5) 其他影响供电检修的事项。

(三) 施工设计阶段

施工设计是根据批准的初步设计文件进行的，应完成全部施工图纸，作为接触网工程施工的依据。在施工设计阶段，如因情况变化，发生技术标准与技术设计确定的技术原则或鉴定意见不符合时，应报有关主管部门批准。

1. 施工设计应完成的文件

施工设计应完成的文件有以下四部分。

（1）施工图设计说明书。

① 初步设计审批意见；

② 主要技术参数及必要说明；

③ 施工注意事项；

④ 运营维护注意事项。

（2）招标文件。

① 招标文件；

② 技术规格书；

③ 甲控、甲供物资清单。

（3）附件及附表。

① 工程数量表；

② 主要设备表；

③ 主要材料表；

④ 采用标准图、通用图目录；

⑤ 有关协议、重要记录与公文指示；

⑥ 图纸目录表。

（4）附图

附图见表5-1。

表5-1 附图中需提供的图纸

序号	图纸名称	序号	图纸名称
1	接触网基础预留图（桥、隧道、路基）	13	附加导线安装图（含安装曲线）
2	接触网平面布置图（包括车站、区间和隧道）	14	接地回流安装图
3	附加导线平面布置图（供电线、加强线）	15	接触网零件图
4	接触网过渡平面布置图	16	接触网支柱构造图
5	附加导线平面布置图（供电线、加强线）	17	接触网特殊钢柱基础（含大限界框架、桥底座、支架接腿等）
6	电缆平面布置图	18	接触网路基区段基础构造图
7	吸上线平面布置图（表）	19	接触网桥梁区段基础安装图
8	供电分段示意图	20	接触网隧道区段基础安装图
9	中间柱、转换柱、道岔柱和下锚柱安装图（含隧道内、外）	21	接触网基础防护图
10	软（硬）横跨安装图	22	接触网标志牌基础构造图
11	接触网吊弦、电连接安装图	23	接触网特殊基础构造图
12	接触网设备安装图		

施工图纸是工程实施的依据，根据已审批的初步设计和补充定测资料编制，为施工提供所需的图表和必要的设计说明，详细说明施工注意事项和要求，并编制工程概预算。工程概预算主要包括综合概算表、个别概算表、主要材料和设备表、投资增减原因分析等。

2. 施工配合与技术处理

在施工阶段，设计单位要派技术人员到现场进行施工配合或技术处理。在设计中由于各种各样的原因，设计图不免有遗漏、疏忽甚至出差错的地方；还有一些是现场勘测数据不准或不符合实际的地方。这时设计单位的技术人员就应配合工程部门处理现场技术交底、现场定测、变更设计等方面存在或新出现的问题，进行就地协商处理，以免影响工程进度或工程质量。

在整个工程完成以后，设计单位还应参加工程部门与运营单位共同组织的交接验收工作。

三、接触网设计内容

接触网设计的主要内容有：设计文件、平面布置、安装设计和概预算编制。

（一）设计文件

设计文件包含了技术标准的确定和各种设计资料的计算，如气象条件及基础、支柱和腕臂荷载计算；跨距、侧面限界、弛度计算；安装曲线计算；软横跨、硬横跨计算；风偏计算；锚段计算；跨线建筑物高度计算等，这些都将作为接触网后续设计工作的基础、理论资料。

（二）平面布置

接触网平面图是工程单位进行施工和接收单位进行验收的依据，也是运营单位进行运营检修的依据。平面布置包含很多复杂的内容，如地形、地质、线路、车站、桥梁和隧道等，设计时必须根据这些复杂的条件从平面、断面等各方面对每一个车站、每一个区间进行认真细致的设计，包含支柱布置、安装形式选择，支柱及基础类型的选择等。重复性的劳动中伴随着许多思维性的创造，是一项技术性很强而又非常复杂的工作，也是一项非常重要的工作。

（三）安装设计

安装设计主要包括以下内容：
（1）接触网悬挂类型、接触网零部件以及相互间的连接设计；
（2）接触网设备的固定、安装以及连接设计；
（3）支柱、基础的构造、连接及安装设计。

接触网零部件、设备及支柱基础的安装、连接设计，必须体现接触网各种零件、设备的选型和技术性能的要求，包括稳定性（结构强度）校验和技术参数校验等方面。

（四）概预算编制

接触网工程概算是确定接触网造价、编制接触网工程建设计划的依据，是控制接触网投资额、办理拨款和贷款的依据，是工程招投标及工程合同签订的基础。接触网工程概算编制的依据是《国家铁路基本建设工程设计概（预）算编制办法》、《铁路工程概（预）算定额》牵引供电工程部分、《铁路工程概（预）算材料价格》、通过审批后的相关图纸、会议记录和说明书以及相关的设计规范、施工技术规范、工程质量验收标准等。

预可行性研究、初步设计阶级编制一般可采用概算、预算定额进行编制总概算，施工设计阶段须采用预算定额编制投资预算。

接触网概预算主要是根据施预专业提供的编制原则及接触网文件和图纸数量进行编制，从不同章节体现接触网在工程中的投资额；接触网概预算主要包括接触网定额、材料的选用、工程数量的输入、投资增减比较及原因分析等。

四、接触网设计接口

接触网工程是一项很复杂的工程，综合性强、多专业配合的技术工程，它与许多学科和工程密切相关，与其他专业差不多都有接口设计，有些工程数据是接触网设计的必备条件和依据。因此做好接口设计，对接触网系统设计至关重要。进行接触网设计一般应具备气象、线路、行车供电、桥梁隧道、地质、信号、站场、工程概算以及其他相关资料。

（一）设计输入

设计输入是指站前或站后专业需要接触网专业满足自身专业需要而提出的要求或者是接触网设计本身需要外专业提供的资料。下面是主要输入项目。

1. 气象环境资料

包括最高温度、最低温度；最大风速与产生最大风速时的温度；覆冰厚度、覆冰温度、覆冰风速；环境污染等级；雷电活动；地震烈度资料等。

2. 线路资料

包括区间线路平面图、纵断面图，车站平面图（含地下设施）；标准横断面图、平剖面缩图；正线轨道类型、轨道标准高度、线路超高及道床厚度；复线区段线距表、既有线（单线）拨距表；沿线电缆、管道埋设位置；道口表及机械化养护平台等。

3. 桥梁隧道资料

包括大、中型桥梁总表；大、中桥梁总布置图，墩台类型；区间线路建筑物位置及净空尺寸；涵洞、框架桥表；隧道（包括明洞棚洞）总表；隧道断面设计图；隧道内预留锚段关节位置及断面图；跨线桥、天桥、挡土墙等资料。

4. 站场资料

包括站场表及车站类型；站场平面图；电化股道表；站线轨道类型及高度；站场横断面图；站内平交道、过道及地道表等。

5. 地质资料

包括土壤种类、允许承载力及安息角；地形特点及挖、填方状态；膨胀土、软土、冻土等特殊地质资料。

6. 行车、供电资料

包括最大行车速度及列车对数；列车及受电弓型号与规格；接触网各类线索的截面和要求；额定电流、短路电流的最大值及最小值；电化范围；供电分段形式、牵引变电所位置、分区亭及开闭所位置，电分相形式与要求；接地回流位置与要求。

7. 信号资料

行车闭塞方式；车站信号设备类型；站场及区间各种信号机位置及类型；轨道电路类型

及扼流变压器位置；综合接地设置原则及区段。

8. 房建资料

雨棚结构形式、雨棚柱详细设置资料。

9. 概算资料

综合设计工资标准；主要材料机具价格表及当地材料调价差额；施工管理费计算办法；行车干扰费计算办法；机械（含机车）台班费及数量；拆迁费、购地费及青苗补偿费标准；主要劳动及财政项目。

10. 其他资料

新材料、新设备、重大技术成果及特殊设计的有关资料；接触网接电位置及变压器容量；供电段管辖范围等。

（二）设计输出

在接触网设计过程中，向站前或站后专业提供资料，要求对方专业满足接触网设计要求。下面是主要输出项目：

1. 接触网基础对路基、桥梁和隧道的要求

包括侧面限界、基础位置、基础荷载要求，基础锚栓设置要求以及与土建附属物的位置关系要求等。

2. 接触网对站场要求

线间立柱时对线间距的要求，软（硬）横跨跨越股道数量等要求，水沟、电缆沟槽与接触网基础的位置关系要求等。

3. 接触网对跨线建筑物的要求

包括接触网对跨线建筑物的净空、宽度要求以及基础预留要求等。

4. 接触网与雨棚合建或高架站房合建要求

包括合建位置、荷载要求以及连接要求等。

5. 接触网光、电缆过轨要求

包括过轨位置，过轨管材质要求等。

6. 接触网电分相设置要求

包括分相位置、所在坡度以及无电区长度等，要求供电、行车进行相关检算。

7. 接触网电动隔离开关电源和远动控制要求

包括电动隔离开关设置位置、控制电压、功率大小等要求。

8. 接触网工区、综合工区设置要求

包括工区平面布置、定员要求以及生产、生活等房屋要求。

（三）接触网与相关方面接口设计

1. 与桥梁方面的接口

包括支柱基础、拉线基础的预留要求；桥上接地或综合接地的预留要求；跨线建筑物净空要求；长大框架桥、跨线桥及道岔桥等特殊桥梁上的接触网基础预留。

2. 与隧道方面的接口

包括接触网基础安装预埋要求（预埋槽道和后置锚栓）；隧道内的综合接地设置和预留；隧道内下锚洞、开关洞的预留；隧道内梯车洞的预留；隧道内过轨管的预留。

3. 与路基方面的接口

包括接触网基础及拉线基础对路基尺寸、荷载要求及与电缆沟槽间的位置关系要求；路基区段的综合接地预留要求；路基区段的过轨管的预留要求；路基挡墙等特殊区段的接触网基础预留要求。

4. 与站场方面的接口

包括接触网立柱对线间距的要求；接触网设软横跨或硬横跨对站场股道数的要求；站场内线路的电化范围及电化有效长。

5. 与房建专业的接口

包括接触网雨棚共柱或高架站房下接触网基础预留要求；接触网工区内的房屋、建筑物的平面布置要求。

6. 与牵引供变电、电力方面的接口

包括接触网供电分段示意图；20分钟电流要求；变电所亭位置、馈线数量及馈线方向等对供电线的要求；接触网电动隔离开关的电源点、远动控制等要求。

7. 与行车、信号专业的接口

包括接触网电分相的设置要求（包括线路坡度、与信号机位置关系等要求）；信号机与接触网带电体间的位置关系要求；扼流变压器和吸上线设置要求。

8. 与电气化结构的接口

包括接触网支柱、基础的选型要求；特殊工点处接触网悬挂固定方式要求。

五、接触网平面图

接触网平面图是指用接触网图形符号表示的具体描述接触网结构和技术参数、技术性能、设备安装位置的平面布置图，它综合了接触网结构、设备，设计计算，平面图绘制等知识，几种反映接触网设计的主要技术原则，是接触网施工和运营维护的主要技术依据。

要读懂接触网平面图，需要熟悉接触网平面图的图例，表5-2为接触网平面图部分图例。

表5-2 接触网平面图部分图例

序号	名称	图例
1	接触线非工作支	———————（细）
2	加强线	— — — — —（细）
3	回流线	—┼—┼—┼—┼—（细）
4	预留线路	—·—·—·—（细）
5	承力索硬锚	←
6	接触线补偿下锚	←—→
7	承力索补偿下锚	←—→
8	链形悬挂下锚	←—
9	站场钢筋混凝土柱软横跨	○┼┼┼○
10	站场钢柱软横跨	⊕┼┼┼⊕

续表

序号	名称	符号
11	站场钢柱硬横跨	
12	非绝缘锚段关节	
13	绝缘锚段关节	
14	分段绝缘子串	
15	分段绝缘器	
16	股道间电连接	
17	常分隔离开关	
18	常闭隔离开关	
19	常分的带接地刀闸的隔离开关	
20	常闭的带接地刀闸的隔离开关	
21	接触网起测点	
22	接触网工区	
23	检查坑	
24	公里标	
25	吸上线位置	

接触网平面布置图是按照一定的比例缩小的俯视图，一般车站按 1:1 000 的比例缩小，区间按 1:2 000 的比例缩小。从平面布置图里可以查到支柱的位置、支柱间跨距、侧面限界、基础类型、支柱类型、悬挂类型、腕臂装配图号、下锚安装图号、附加线安装图号、接地情况等。

接触网平面图由平面图、表格栏、主要工程数量及材料表、设计说明、图标五部分组成，见附录三和附录四。

第二节　接触网施工

学习内容	接触网施工
知识要点	1. 了解接触网施工准备阶段； 2. 熟悉接触网工程施工阶段； 3. 了解接触网竣工验收阶段

续表

能力要点	1. 具有说明接触网工程施工过程的能力； 2. 具有说明接触网冷滑试验和热滑试验的能力
素质要点	1. 具有分析问题和解决问题的能力； 2. 具有查找资料和获取信息的能力； 3. 具有自我管理的能力； 4. 具有沟通和合作的能力
课程导入	接触网施工阶段流程图等相关资料
结构框图	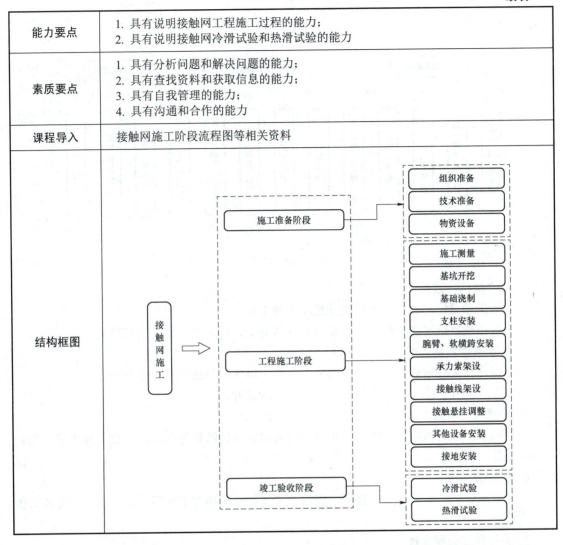

接触网是沿线路上空架设的向电动列车供电的特殊形式的输电线路。接触网的施工技术和施工工艺是影响线路运行状态的重要因素。所以，要保证线路接触网安全可靠和经济高效运行，必须保证人员专业化、作业标准化、机具专用化、测量精准化、组织科学化等。

接触网的施工主要分为施工准备、工程施工、竣工验收三个阶段。

一、施工准备阶段

接触网施工前应做好施工准备工作，它关系到开工日期、工程进度、工程质量和施工安全，准备工作做得越充分，考虑得越周全，工程进展就越顺利，因此施工准备阶段是接触网施工工程的重要环节之一。施工准备包括组织准备、技术准备、物资准备等方面。图 5-2 为施工准备阶段流程图。

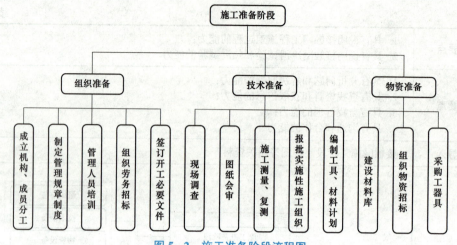

图 5-2 施工准备阶段流程图

（一）组织准备

1. 成立机构、成员分工

（1）根据项目情况成立管理机构并组织人员上场。

（2）根据项目情况将项目部的工作进行任务分工，分解到科室，责任到人。

2. 制定管理规章制度

（1）根据相关规定和本项目部部门分工，制定出各部门的职责及工作流程。

（2）工作流程中应详细写明各部门间的业务沟通方式。

3. 管理人员培训

根据项目要求组织项目部管理人员进行岗前培训，包括管理知识、制度，新工艺、新材料、新设备、新技术培训等。

4. 组织劳务招标

由项目部计划科会同技术科根据工程施工工序按公司相关要求组织上部、下部劳务队伍招标。

5. 签订开工必要文件

（1）向上级报批营业线施工审批表；

（2）与相关设备管理单位签订施工安全协议；

（3）向建设单位报批开工报告；

（4）向监理单位报送工程开工/复工报审表，进场施工机械、设备报验单，主要进场人员报审表等；

（5）向公司报批实施性施工组织设计。

（二）技术准备

1. 现场调查

（1）调查现场交通情况。

（2）调查既有设备情况。

（3）调查当地气候情况。

（4）调查当地民风情况。
（5）调查地方可资利用的民房、劳力、附属设施等。
（6）调查砂、石料和地方建材情况。
（7）施工方案有无优化设计的必要，工程数量是否大致符合现场。
（8）与施工有密切关系的重要内容。

2. 图纸会审

（1）收到施工图纸及相关技术文件后组织技术人员自审，写出审图记录。包括对图纸疑问的建议。

（2）由建设单位主持，设计、施工单位参加，三方进行设计图纸的会审，形成图纸会审纪要。

3. 施工测量、复测

（1）根据施工图纸进行现场测量，测量时应注意：

① 起测点选择准确，若线路还要改造，则需进行准确交桩。

② 支柱、拉线基础位置、附加导线与桥涵、跨线架空线、信号机、附近建筑物等的相互位置是否有影响。

③ 记录支柱坑所在位置土质。

④ 记录所有跨越线路的电力线位置、等级、对轨面高度。

（2）当全线或每个区间、车站测量完成后应对测量成果进行复测，复测支柱跨距并核对注意事项。

4. 报批实施性施工组织

根据现场实际情况由工程技术部门编制实施性施工组织设计并按照集团公司《施工技术管理办法》要求逐级报审。

5. 编制工具、材料计划

（1）根据设计交底、图纸会审、定测、施工方案、施工图纸等资料编制出工程所需材料计划以及工程所需工器具计划并复核，逐级审批以后交由项目部物资设备科，移交时需进行书面签认。

（2）编制材料计划时，为便于限额发料，应按区间、车站进行编制，必要时按锚段或项目要求进行编制。

（三）物资准备

1. 建设材料库

（1）根据项目部情况建设一个或多个中心料库，库管人员需具备一定专业知识，会采用电脑管理，人员配备充足。

（2）库房选址应交通方便，便于材料的出入库。

（3）库房应有室内、外存放区及管理人员办公、生活房屋，且室外上空无高压线等障碍物。

（4）库房应提前进行分区规划，室外场地平整不积水。

（5）库房房屋围墙牢固可靠，满足安全要求。

2. 组织物资招标

根据技术科所提供的材料计划，由物资设备科根据工程情况编制出物资采购计划，并报请相关部门组织进行物资招标，落实供货种类、批次、时间。

3. 采购工器具

技术部门根据项目情况分批次地编制施工工具计划交由物资部门采购、准备。

二、工程施工阶段

接触网施工阶段主要流程包括施工测量、基坑开挖、基础浇制、支柱安装、腕臂和软横跨安装、承力索架设、接触线架设等方面，施工阶段流程图如图5-3所示。

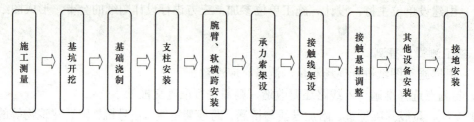

图5-3 施工阶段流程图

（一）施工测量

施工测量是接触网工程施工阶段重要的工序之一，它直接影响着以后的立杆、架线、调整等工作，甚至关系着接触网建成后运营的好坏，因此，测量前要熟悉图纸，了解设计原则和有关规程，向工务、电务部门了解并索取线路有关资料，地下埋设情况以及线路附近的架空线路等资料，做好人力和工具准备。

施工测量是把施工图纸上的支柱、基础及隧道悬挂点等接触网建筑物的位置，落实到具体施工地点，主要有纵向测量和横向测量。

1. 纵向测量

纵向测量的主要任务是将接触网平面图中有关支柱跨距的设计尺寸通过测量确定到线路上去，它决定着顺线路方向各个支柱之间的相互位置。

区间和站场的纵向测量均从接触网平面图中标注的测量起点出发，沿钢轨外侧丈量。直线区段沿靠近支柱侧的钢轨丈量；曲线区段无论支柱在哪一侧，都应用丁字尺将测量尺过渡到曲线外轨的外侧进行丈量，测量转点宜选择在直缓点附近。测量过程中如因桥涵、钢轨、避车台、跨越电力线等障碍物影响杆位时，合理调整跨距，调整后的跨距不得大于设计允许最大跨距。高挡墙、护坡及特殊地质地段，测量时充分利用线路专业预留的接触网坑位，避免开挖时对站前已完工程形成损坏。对沿线平行和横跨的高低压电力线路、弱电通信线路等干扰情况做好详细记录。

2. 横向测量

当支柱或基础纵向测量定位后，还必须进行横向定位测量。横向测量的主要目的是，依据纵向测量的中心线标记来确定支柱或基础的基坑位置。测量方法是区间使用丁字尺，根据支柱侧面限界，确定支柱基坑的位置。

（二）基坑开挖

基坑开挖包括接触网支柱坑、钢柱基础坑、拉线坑开挖等。根据开挖方式可以分为人工开挖和机械开挖。

1. 开挖方法

基坑开挖方法根据基坑土质不同而不同，根据经验，按路基土质类型，基坑开挖方法有以下几种：

硬土类包括土夹石、硬土、砂岩、风化石等，这类土质密实，自结合力强，可采用坑的办法开挖基坑。非雨季人工开挖，不会塌方，不需坑壁支撑防护。

碎石类包括石夹土、碎石、填方土等，这类土质自结合力不均匀，稳固性较差，适应于挖小坑，局部支撑的方法。

流沙、高水位土质类宜采用钢筋混凝土防护圈进行施工，类似沉井法。采用此法可节省木材，经济、可靠，便于施工。

坚石、次坚石类采用控制爆破法。当采用法兰盘支柱时，只需按要求钻孔灌注锚栓。

机械开挖基坑是使用机械化操作，利用旋转钻头来开挖基坑，相对于上述传统的人工开挖基坑，速度快，规格统一，对路基密实度影响小。机械开挖在土壤中有较大石块或施工机械不便到达时，使用受限。

2. 注意事项

（1）根据设计图可以确定坑的类型、限界、坑形和深度，坑口的线路侧加设防止道渣滑落的挡板和铺设防污染的彩条布。遇水沟需移时，应保证原有水沟截面和畅通，护坡培土、砌石达到新建铁路设计标准。

（2）争取当日开挖、当日立杆，对当天立不上杆又危及行车安全的基坑应回填，防止塌方影响行车。基坑开挖多余弃土要装编织袋运走。

（3）基坑根据土壤的稳定性质，采用合理的开挖形式和防塌措施。石质地带基坑采用空压机、风枪进行开挖。黄土区段基坑开挖需要避开雨天进行，并做好排水工作，保证雨天黄土区段不积水。

（三）基础浇制

土质密实地带，基础地下部分浇制时采用原坑坯模就地灌注的方法，地上部分采用模型板；塌方或无土方地段，则采用模板组合整体安装灌注的方法。

采用混凝土搅拌机搅拌方法浇注基础。水、电、料全部备齐并搭好作业平台后，开始浇制。浇制过程中，每灌注 400 mm 厚混凝土，用振动棒均匀捣固一次。搅拌混凝土时，按规范要求制作混凝土试块。浇制完毕，在基础表面覆盖草袋、砂等物品进行养生保护。图 5-4 为钢支柱开挖、清理、支模、螺栓、浇注、拆模过程。

基坑开挖过程中若出现电缆等其他设施，应立即停止作业，并与相关单位联系调查，比如制定电缆位置走向是否需要改移及防护等方案，方案未制定前不能施工。

（四）支柱安装

1. 安装组成

由轨道牵引车、立杆作业车及平板车组成安装列车。

支柱安装时，根据支柱自身重量的大小和跨度对吊车采取加固、支撑等安全措施，同时注意线路上方有无高压线缆及跨线建筑物，确保施工安全。吊装支柱时，应使用尼龙套或外包黑橡皮管的钢丝套，避免破坏支柱表面保护层。

图 5-4 钢支柱基础开挖、清理等过程

安装钢柱前,确认基础螺栓位置是否正确;安装混凝土支柱前,确认坑位、坑深是否正确,确认底板是否按设计要求已下设。图 5-5 为接触网作业车在竖立支柱。

图 5-5 接触网作业车在竖立支柱

湿陷性黄土区段直埋式支柱安装时,按要求加设底板,做好支柱加固。支柱整正后,保证支柱位置不积水,以免影响支柱稳定性。

2. 支柱整正

利用整杆器一端用功能框架安装在支柱上,另一端用功能固定板固定在钢轨上,整正过程中通过摇动手柄,使支柱的倾斜度和限界达到标准。

调整支柱的限界和倾斜度达到标准后,按设计要求安装横卧板,并将固定螺栓的螺母拧紧。每回填 200 mm 夯实一次,支柱回填达标后,及时疏通或修复水沟。在施工过程中,要做好各种质量记录,分项工程完成后由作业班组进行自检,合格后由安质人员组织专检并认定合格后,进入下一道工序。隐蔽工程施工过程要请监理参加,并填报隐蔽工程记录报监理签字。

3. 锚板拉线

依照下锚方向，用经纬仪和花杆测量拉线坑的位置，并用十字桩确定。

施工时，必须严格按设计要求选用功能锚板和锚杆型号，安装前复核坑位和坑深是否符合要求，确认拉线环出土点中心线在锚支延长线上，安装时按设计要求加固，并按规范要求回填、夯实。锚板加固使用的混凝土施工参照基础浇制有关规定执行。拉线角度不宜大于45°角。施工完毕后如实填写隐蔽工程记录并存档。

4. 支持结构计算参数测量和计算

支柱测量是保证支持结构安装质量的重要环节，要求测量项目多、精确度高，测量由主管技术人员负责，包括支持结构安装及吊弦计算所需部分数据的测量。

主要测量数据包括：曲线超高、侧面限界、支柱倾斜率、下底座至轨面基准线（一般以低轨轨面为准）的高度，上下底座间距、跨距以及直缓点和缓圆点距支柱的距离。曲线超高、侧面限界、支柱倾斜率（mm/m）应精确到毫米。下底座高度以及上下底座间距，精确到厘米。支柱倾斜率采用经纬仪测量。

测量数据以腕臂计算表格填写。表格中还应包括支柱类型、导线高度、结构高度、拉出值、曲线半径、曲线要素点起始里程、填表人、日期等项目。

（五）腕臂、软横跨安装

1. 腕臂安装

腕臂安装利用作业车进行，操作要领如下：

预配好的腕臂，根据安装计划装上作业车。确认腕臂编号与安装地点相符。作业车停到支柱附近，作业平台升至腕臂下底座 0.5 m 的地方，转动平台尽量靠近支柱。两人抬起斜腕臂，将斜腕臂棒式绝缘子的单耳插入腕臂下底座，螺栓销穿向来车方向。作业平台稍微转动后，缓缓升高平台至上底座下 1 m 处。同时，两人把住腕臂，不使平台乱碰，解开绑扎铁线。一人扶住斜腕臂，两人抬起平腕臂，将平腕臂与斜腕臂、平腕臂与上底座连接。图 5-6 为正在进行的腕臂安装。

2. 软横跨安装

（1）软横跨预制。

图 5-6　正在进行的腕臂安装

软横跨预制是将组成横承力索，上、下定位索的钢绞线、绝缘子及其他零件按要求组装在一起，保证软横跨安装后的尺寸符合计算结果。

（2）软横跨安装。

将预制好的软横跨运到安装支柱处展开，注意绝缘与安全。在一侧支柱的顶端和安装固定绳位置各上一人，通过滑轮将软横跨吊起安装在支柱上。在另一侧支柱顶端和安装固定绳位置各上一人，固定好滑轮和大绳。

根据行车间隙时间，确认可以安装时，地面作业人员迅速将软横跨抱起（注意绝缘与安全）运送到另一侧支柱处，用大绳绑好迅速拉起，杆上作业人员将软横跨安装到设计位置。

跨越停留车辆时，要确认车辆在作业时间不会移动。预制时，技术人员要适当考虑软横跨跨度及支柱挠度对各部分尺寸的影响。安装时利用行车间隙进行，须按规定做好施工防护。安装调整后软横跨平直美观，上下部固定绳有100～200 mm负弛度。

（六）承力索架设

1. 架设组织

目前，承力索、接触线的架设一般均采用由轨道车牵引的架线，车利用封闭时间占用线路作业，采用的是无张力（或低张力）放线法，由车上与车下两组人员共同配合完成，即第一步线索先自由展放，第二步由地面人员接着进行紧线、下锚。此工序应在所有装配均已装好，限界门已安装完毕，所有电力、通信等干扰均处理完毕后才能进行。

利用轨道车作动力，牵引一辆装备有架线设施的平板车（30～60 t）组成架线车，如图5-7所示，架线车主要设施有：带升降的作业平台、带制动装置的线盘支架、隧道内或夜间作业用的内燃发电机及照明装置等。

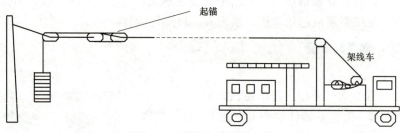

图5-7　架线车工作示意图

具体操作：将锚段线盘吊装在架线车上。封闭线路后将架线车停到起锚位置，起锚人员紧固拉线，安放坠砣，并将坠砣按当时环境温度提升至设计高度。架线人员将线条做好终端锚固线夹与补偿装置连接后开始运行，线条张力控制在小张力架线法所要求数值。图5-8为正在进行的承力索架设。

图5-8　进行中的承力索架设

2. 架设操作要点及技术标准

（1）向车站调度人员提出申请计划。

（2）将要放锚段线盘吊装在架线车上。封闭线路后将架线车停到起锚位置，起锚人员紧固拉线，安放坠砣，并将坠砣按当时温度提升至设计高度。架线人员将线条做好终端锚固线夹与补偿装置连接后开始运行，线条张力控制在小张力架线法所要求数值。

（3）架线以 5 km/h 的速度前进，每到一悬挂点处停车，用铁丝套好，将线条通过滑轮挂在腕臂上。每隔 400 m 或行人较多处设专人防护。

（4）站场架线时，通过道岔后线条应用紧线器扣起，不影响其他线路，架线车运行至锚柱时，开始落锚。

（5）落锚时，通知起落和防护人员注意线条动态，松开扣线紧线器。将下锚处拉线紧好，坠砣摆好并提至设计高度。

（6）用张力紧线至标准张力时，将线条与下锚补偿相对位置做标记。断线，做终端锚固，看线盘人员将剩余线卷在线盘上。继续紧线将终锚线夹与下锚补偿相连接。停止紧线，先松吊坠砣的葫芦，再松线条上的紧线器。

（7）架线车沿线检查一遍，确认无误后，消点开通线路。填写工程记录。

（七）接触线架设

1. 架设组织

架设接触线应具备的条件：承力索空载弛度符合设计要求；承力索架设后，按要求安装好普通吊弦；承力索中心锚结按要求架设完毕；站场软横跨下部固定绳已装好；接触线补偿装置安装好，并符合架线要求。

接触线的架设工具与承力索基本相同，所不同的是接触线使用铝质紧线滑轮，紧线下锚时使用的是蛙式紧线器，架线车还应增设矫直器、汽油、棉纱、S 钩等工具。图 5-9 为放线矫直器。

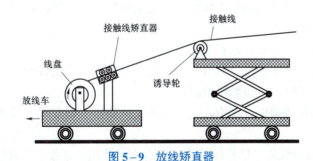

图 5-9 放线矫直器

具体操作：接触线架设准备完毕后，可进行起锚。人工转动线盘或绞盘，将线索端头拉到补偿装置附近。操作放线车开始放线，在展放接触线的过程中应注意观察线索的走向、张力车走向速度和挂线作业人员的一致性等。当架线车上的作业平台基本接近下锚柱时停止展线，准备进行落锚。到达落锚地点后，在接触线和下锚连线的适当位置安装紧线器，用链条葫芦连接补偿装置与接触线，收紧链条葫芦。当接触线锥套式终端锚固线夹与落锚补偿装置的绝缘子连接牢靠后，可将接触线校正器螺栓松开，抬起校正器，取出接触线，缓慢松链条葫芦，拆除链条葫芦和紧线器，即完成正式落锚连接。图 5-10 为正在进行的接触线架设。

图 5-10 进行中的接触线架设

2. 接触线架设过程中的注意事项

（1）架线前，认真检查架线车各机械部件是否工作可靠；工具是否灵活、适用、安全；材料是否齐备、合格。

（2）放线时，严禁在放出的导线下面站人，道口设专人防护。

（3）在架线车作业台上工作时，作业台的栏杆一定要竖起并固定牢靠；作业台升降时，严禁上下人；在架线车转道或返回运行时，架线车作业架要降回到原处，栏杆放平，作业人员应全部撤离作业台。

（4）放线过程中，线盘前方不得站人。

（5）在隧道群区段架线时，应设专人做安全监护工作，特别要注意瞭望前方，加强联络；进隧道前一般应停车，降下作业台；隧道内作业，必须有充足的照明设备，防止悬挂零件刮车、伤人。

（6）不符合安全距离要求的电力线路或其他架空线路下架线，要制定专门的安全措施，必要时应当降低架设高度，或办理停电施工手续。为防止线条弹出，放线开口滑轮要封口。

（7）各施工小组，应派专人监护安全。

（8）在锚段关节及站场道岔区架线时，应注意时正线及重要线的导线位于侧线及次要导线的下方；承力索交叉位置与接触线相同。

（9）承力索、接触线架设过程中，应注意不发生损伤，如发现有损伤，应按要求规定进行处理。

（10）承力索及接触线的补偿坠砣高度应符合安装曲线，并考虑线索初伸长、悬挂调整变化量等影响；半补偿链形悬挂时，承力索弛度应符合安装曲线，其偏差不超过±10%。

（11）应考虑接触悬挂调整时是否方便。

（八）接触悬挂调整

接触悬挂调整内容包括：安装中心锚结，导线面整正，安装定位装置；调整导线拉出值；安装调整弹性吊弦；调整导线高度、弛度；调整锚段关节；调整坠砣高度、安装线岔、分段分相绝缘器、各种电连接等。

接触悬挂调整应从中心锚结开始向下锚端进行，一般分粗调和细调两步。粗调主要进行中心锚结安装、导线面整正、悬挂零部件安装、普通吊弦及弹性吊弦安装、定位装置安装、线岔安装、电连接线安装等。

由于新线延伸、支柱受力变化等因素，接触悬挂状态随之变化，故应经过一定时期的稳定后再进行细调。细调主要包括全面检查调整接触线高度、弛度、拉出值；导线面的平整及消除硬点，对接触悬挂进行分段；安装各种设备；补偿器的调整等。

（九）其他设备安装

1. 线岔安装

线岔安装调整是接触网施工的一个关键环节，如邻跨需安装分段绝缘器，则线岔需在分段绝缘器安装后进行。人员组织和施工机具配置与上述接触悬挂安装相似，但每组作业时安排技术人员现场指导，调整完成后，应用模拟受电或检测车进行检查。具体操作要点及技术标准要求如下：

安装定位装置时，拉出值应严格按设计值复核。

线岔处接触悬挂的调整采用铁线临时吊弦，临时吊弦位置按吊弦计算表中位置，模拟调整从道岔的开口侧向岔尖进行，道岔转换柱处侧线支接触线的抬高量、抬高范围、吊弦状态要符合设计要求。

正线接触线距侧线线路中心或侧线接触线距正线线路中心的距离在始触区范围内不应安装线夹。

按工艺装好线岔及正式吊弦。

2. 锚段关节调整

复核各悬挂点的承力索高度及水平位置符合设计要求。

安装定位管，坡度符合设计标准，安装定位器，注意检查拉出值符合要求且承力索在同一垂面。

先安装工作支的整体吊弦，然后进行非工作支调整。非工作支调整时，在悬挂点两边采用临时铁线悬吊，再将定位装置调整到位。绝缘子串安装位置符合设计要求，承力索、接触线绝缘子串中心对齐。

依照电连接线安装图及其工艺安装电连接线。

3. 隔离开关安装

安装和调整执行有关工艺规定，采取料库预组装、吊装一次到位施工方法。预配前对每台开关进行必要的电气试验和外观检查。

开关预装配在料库特定场地进行，并吊装在试验支柱上进行手动开合试验和调节水平、开合角度。

整体吊装开关并进行操作机构的安装。开关调整要符合说明书要求，并做好电连接线引线和接地线。开关引线端子与接触网引线张力以 0.5 kN 为宜。

（十）接地安装

接地装置是一种将支柱、设备装配部件的非带电部分和钢轨连接起来的设备。作用是当绝缘子发生闪络或老化严重时，将产生的泄漏电流由地线及接地极直接接入钢轨或大地，降低了接地电阻，使变电所保护短时间跳闸，这就保证了设备及人身安全。

接触网设备接地方式有两种，一种是接地线直接接钢轨，另一种是接地线接地极。

三、竣工验收阶段

当接触网施工阶段完成后,就进入了施工的最后阶段即竣工验收阶段。它是全面考核基本建设成果、检验设计和施工质量的重要环节。

(一)冷滑试验

冷滑试验是指在接触网不受电的情况下,通过电力机车受电弓的滑行,对接触网进行动态试验检查。图5-11为正在进行的冷滑试验。

图 5-11　正在进行的冷滑试验

冷滑试验的电力机车是由其他动力机车作牵引的,牵引机车为内燃机车、蒸汽机车或专用冷滑检测车。

冷滑试验车人员一般由两部分组成,一部分为行车人员,包括车长、司机、乘务人员等;另一部分为试验检查人员,包括观测人员、记录人员、安全监视人员等。

冷滑试验的顺序一般是先区间后站场,先正线后侧线,先低速后高速并分三次往返进行。

第一次为低速冷滑,运行速度区间为 10~15 km/h,站场为 5~10 km/h。检查每一处悬挂点、电连接、过渡关节、线岔、分段绝缘器、开关及引线连接、金属接地等部件,检查每处安装状态,绝缘距离、限界、过渡状态、导高、拉出值等。

第二次冷滑为中速冷滑,运行速度为 25~30 km/h,在第一次冷滑检查缺陷全部克服完成后进行,主要检查拉出值、硬点、过渡关节、分段绝缘器过渡状态。

第三次为正常运行速度,运行速度为 80 km/h,在前两次检查问题全部克服后进行,检测高速冷滑弓网运行状态,受电弓冷滑应平稳顺畅,导线接触良好。

(二)热滑试验

热滑试验是指在轨道交通线路开通运营前,在牵引供电变电站向接触网送电的情况下,轨道交通运营列车首次依靠列车受电弓从接触网取电源作为动力进行运行,对轨道交通线路、供电系统等设备进行全面检测的一种试验过程。图5-12是正在进行的热滑试验。

通过热滑试验对热滑区域内轨道交通工程的线路轨道、车辆、供电设备、接触网、隧道照明、消防供水、排水、通信信号等各系统相互匹配的工况可以进行全面检查。重点检查并使接触线线面正确,无碰弓、拉弓、拉弧、打火等现象;受电弓在动态情况下距接地体瞬间间隙满足设计要求；吊弦线夹、定位线夹、中心锚结线夹、电连接线夹无碰弓、拉弧、打火现象；车体平稳，设备运行状态稳定，达到设计目标。

图 5-12　正在进行的热滑试验

热滑采用轨道交通运营列车进行试验，在受电弓下方安装摄像及录像设备，监视全线受电弓的运行状态。热滑试验往返三次，第一次为 35 km/h，第二次为 60 km/h，第三次为正常运行（设计）速度，对火花位置、受流状态、车辆稳定度等技术状态做好记录，热滑后进行处理。

当热滑及克服缺陷并进行试运行后，施工单位会将线路移交给运营单位，验收开通工作全部结束。

学习单元六

接触网运营管理

学习内容	接触网运营管理
知识要点	1. 接触网维修组织； 2. 接触网作业方式及程序； 3. 接触网检修
能力要点	1. 描述接触网维修管理机构； 2. 描述接触网技术资料； 3. 说明接触网检修作业方式； 4. 熟悉接触网规程与规章； 5. 熟悉接触网的检修方式
课程导入	1. 接触网规程和规章制度资料。 2. 2006年3月23日15:08，某市地铁A站报下行0479支柱处接触网异常打火，接触网专业人员检查后认为接触网设备运行正常；16:49，A牵引变电所跳闸；17:10，确认1112次列车不能降弓；17:24，供电中心抢修人员到达事件现场，发现B站C隧道口的接触网已经大面积受损，故障车被困于C隧道口，受电弓已损坏；17:29，救援车与故障车联挂成功；17:42，救援车启动后，故障车发生弓挂网现象；18:03，接触网专业和检修专业人员上车顶拆除故障受电弓；18:22，救援车启动，将电客车推至D站；18:42，接触网抢修作业车到达事件现场，接触网抢修人员立即实施抢修作业；19:47，E站—D站上行接触网受电成功，运营恢复。 此次事故造成一个受电弓严重损坏，接触网大面积受损，影响正常运营两个多小时。通过案例分析事故发生的原因及应如何预防
结构框图	接触网运营管理 → { 接触网维修组织 → { 维修管理机构及职责 / 应配备的设备 / 技术资料 }；接触网作业方式及程序；接触网检修 → { 检修作业方式 / 检修作业程序 } → { 规程与规章 / 检修方式 }

由于接触网设备时刻处于摩擦、振动、电流输送等运动过程中，工作环境恶劣，状态也随运行时间发生变化，因此需要高素质的员工、有效的设备管理模式来维护。

一、接触网维修组织

（一）接触网维修管理机构及职责

1. 接触网管理机构

城市轨道交通接触网设备一般实行维修工程部、供电车间、接触网工班三级管理，分别负责接触网系统的检修、维护、运行分析、事故恢复及改造施工。接触网大修、改造工程的审批由运营公司安全技术部及集团公司技术委员会管理。图 6-1 为某地铁公司接触网组织管理机构。

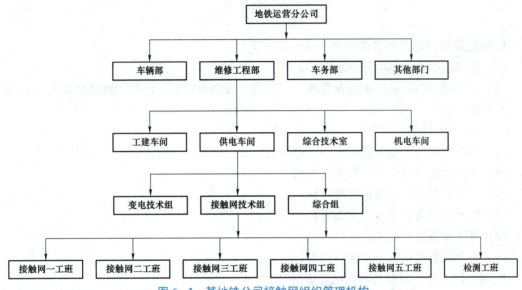

图 6-1　某地铁公司接触网组织管理机构

2. 接触网维修管理机构的职责

维修工程部下设综合技术室，综合技术室设设备管理主管和安全管理主管。

供电车间接触网技术组负责接触网设备的技术管理工作。下设技术组和车间综合组。

各接触网工班分区段负责设备的维护、检修。接触网工班实行工班长负责制，设正副班长各一名。主要负责对所辖设备的日常巡视、检查、维护、维修和当值期间全线设备的事故抢修工作及班组内的日常管理活动。当值工班及备班共同负责事故抢修及恢复工作。

（二）接触网专业应配备的设备

1. 交通工具

为了检修接触网设备，尤其是发生事故时能迅速出动及抢修，接触网专业均应配备交通工具。一般都配备接触网作业车（含平板车一辆）1 台，载重 4 t 以上汽车一辆。

2. 接触网检修工具

目前轨道交通接触网普遍采用停电检修作业方式和远离带电体检修方式。因此也相应地配备了许多工具。

（1）登高类工具：接触网检修作业车、停电用作业梯车、竹梯、挂梯、人字梯。

（2）受力类工具：手扳葫芦、紧线器、力矩扳手、活扳手、拉力绳等。

（3）测量类工具：接触网检测车、激光测距仪、绝缘测距仪、皮卷尺、游标卡尺、万用表、红外线温度测量仪、水平尺等。

（4）安全类工具：接地线、验电器、绝缘手套、绝缘靴、安全带等。

（5）通信类工具：无线群呼、对讲机。

（6）个人工具：扳手（250 mm）、螺丝刀、克丝钳、卷尺、手电筒、荧光衣、工具包。

（7）其他安装、辅助类工具：冲击钻、压接钳、正弯器、滑轮、绳索、断线钳、充电照明灯等。

（三）接触网技术资料

接触网专业职工应熟悉管辖范围内接触网设备的技术状态，保存必要的台账和有关技术资料。

1. 接触网技术组应备齐的技术图纸和施工记录

（1）管辖范围内的供电分段示意图。

（2）管辖范围内接触网平面布置图、装配图、安装曲线表、接触网磨耗换算表、平面布置单元图等。

（3）跨越接触网的架空管、线等有关资料。

（4）管辖范围内使用的隔离开关、避雷器、分段绝缘器等设备的出厂说明书。

（5）管辖范围内的有关隐蔽工程资料。

（6）设备和工具的实验记录等资料。

（7）管辖范围内有关轨道电路资料。

（8）有关设备整改及大修资料。

（9）关键设备及系统的技术履历表。

2. 接触网工班应有的技术图纸及资料

（1）管辖范围内的供电分段示意图。

（2）管辖范围内接触网平面布置图、装配图、安装曲线表、接触网磨耗换算表、平面布置单元图等。

（3）跨越接触网的架空管、线等有关资料。

（4）管辖范围内使用的隔离开关、避雷器、分段绝缘器等设备的出厂说明书。

（5）管辖范围内有关轨道电路资料。

（6）工器具使用说明书。

3. 接触网工班应有的检修台账

（1）接触网工班值班日志。

（2）线岔检修记录。

（3）分段绝缘器检修记录。

（4）接触线拉出值（之字值）、导高检修记录。

（5）接触网检测车维保记录。

（6）接触网作业车、辅助作业车维保记录。
（7）接触线磨耗和损伤记录。
（8）接触线重点磨耗和损伤记录。
（9）支柱及硬横梁检修记录。
（10）锚段关节检修记录。
（11）补偿器检修记录。
（12）隔离开关检修记录。
（13）馈电线（架空地线）检修记录。
（14）避雷器、放电间隙检修记录。
（15）接触悬挂、支撑装置和定位装置等检修记录。
（16）接触网停电作业工作票、分工单、接触网停电作业命令票、接触网倒闸作业命令票。
（17）接触网梯车、步行巡视记录。
（18）均、回流检修记录。
（19）梯车检查记录表。
（20）电弓检查记录表。

二、接触网作业方式及程序

（一）接触网检修作业方式

城市轨道交通接触网一般采用停电检修和远离带电体检修作业两种检修方式。

停电作业：在停电的接触网设备上进行的作业。附录五为某城市接触网停电作业工作票，附录六为某城市接触网停电作业命令票。

远离作业：在距接触网带电体足够安全距离的设备上进行的作业。接触网 1 m 及以外作业工作票，用于距带电部分 1 m 及其以外的高空作业和较复杂的地面作业。附录七为某城市接触网远离作业工作票。

（二）接触网检修作业程序

1. 接触网设备检修计划的制订

接触网专业技术组制订《接触网设备年度检修计划表》，按照设备检修周期和检修内容及要求，将接触网设备全年的检修工作计划细分至每月，形成月度检修任务下达到工班。

接触网工班根据《接触网设备年度检修计划表》中制定的月度工作任务，进行合理统筹安排月中每日接触网检修工作，并汇报给接触网专业技术组，由技术组审核后提前向计划经营部提报每周中每日的检修作业计划，待计划经营部审核后发令实施。遇有特殊检修任务或紧急情况下的设备缺陷或故障处理，由接触网专业组向计划经营部提报《检修作业日变更计划》或《设备抢修计划》。

2. 接触网设备检修作业的准备

（1）接触网工班工作票签发人在作业前 24 小时签发《接触网检修工作票》。
（2）接触网工班施工负责人审核《接触网检修工作票》。

(3) 接触网工班向电力调度提报《接触网检修工作票》。

(4) 出工前，由接触网工班施工负责人召开检修作业会议，向作业组全体成员宣读工作票内容，布置安全措施和检修分工。

(5) 检修作业组准备好检修工具、材料及安全防护用品。

(6) 检修作业组出动到达作业现场。

3. 设备检修作业的实施

(1) 施工负责人向OCC（电调和行调）申请检修作业命令。

(2) 作业组做好验电接地和安全防护工作。

(3) 作业组进行设备的检修。

(4) 设备检修质量复测。

(5) 撤除地线和防护，线路出清。

(6) 施工负责人向OCC消除检修作业命令。

(7) 检修作业结束。

三、接触网检修

（一）接触网规程与规章

1. 接触网安全工作规程

接触网安全工作规程包括总则、一般规定、作业制度、停电作业、高空作业、其他作业、附录等内容。从事接触网工作的人员，必须严格遵守接触网安全工作规程。

2. 接触网运行检修规程

接触网运行检修规程包括总则、运行维护管理、接触网检修管理、接触网检修技术标准、附录等内容。接触网维修人员在监测、检修接触网设备时，应严格遵守接触网运行检修规程中的技术要求，特别注意重要设备的有关参数如拉出值、导高、补偿器等有关技术指标。

3. 接触网事故抢修

接触网事故抢修包括抢修的组织架构、抢修前的准备工作、抢修工作流程、抢修的安全注意事项、具体抢修方案等。

（二）接触网检修方式

接触网设备的检查、调整和维修是确保接触网安全、可靠、经济运行的重要措施。经过多年的经验积累，接触网设备的检修已实现按计划定期检修，使检修工作制度化、规范化和标准化。接触网检修包括对接触网设备与结构的巡视检查和检修作业。

1. 巡视检查

巡视检查主要是巡视接触网设备的技术状态和检查电动列车受电弓的取流情况，主要包括步行巡视、乘车巡视等方式。

步行巡视主要巡视有无侵入限界、障碍受电弓运行及各零部件有无烧伤和损坏；绝缘部件有无破损和闪络；回流接续线连接是否良好；有无其他危及行车和供电安全的现象；有无过热变色和闪络放电等现象；隧道顶部支撑底座附近有无较大裂纹和漏水现象等。

乘车巡视主要是观察接触悬挂及其支持装置的状态。

2. 检修作业

接触网的检修作业分为小修和大修两种修程。

小修是维持性的修理,主要是对接触网进行检测、清扫、涂油;对磨损、锈蚀到期的接触线、承力索、馈电线及架空地线进行整修、补强或局部更换,以保持接触网的正常工作状态。表6-1为某城市地铁接触网小修、周期和范围。

表6-1 某城市地铁接触网小修、周期和范围表

序号	项目	周期	范围
1	测量、调整接触线高度和之字值	12个月	测量悬挂点处接触线的高度和跨中接触线的最低高度,接触线的坡度和之字值。 不符合标准者进行调整
2	测量、调整接触线拉出值	12个月	测量拉出值及跨中接触线对受电弓的最大偏移值。 不符合标准者进行调整
3	测量、调整导线磨耗:全面测量 重点测量	5年 6~12个月	每个定位线夹、中心锚结线夹、接头线夹两侧和跨距中心处,以及个别磨耗特别严重的点。 平均磨耗为上述各点磨耗的平均值。 磨耗超过规定者进行整修
4	清扫绝缘子和绝缘器	12个月	整个瓷表面(包括弧槽)都要清扫干净,发现瓷体破损要及时更换。 污秽地区的绝缘子和绝缘器的清扫周期可根据具体情况增加清扫次数
5	测量支柱的侧面限界	12个月	不合标准者予以调整
6	测量、调整接触线和承力索的张力和弛度	5年	不合标准者予以调整
7	检修接触悬挂	12个月	接触线和承力索(检查其位置、损伤接头、补强的状态等)、吊弦(吊索)、电联接器、中心锚结及各种线夹、零部件(包括鞍子和定位线夹)
8	检修线岔	6个月	包括线岔处的电联接器
9	检修调整补偿器	12个月	包括测量调整"A""B"值和滑轮注油
10	检修硬横跨、支持装置及定位器	12个月	包括硬横跨上的横向分段绝缘
11	检修支柱和接地装置	12个月	支柱、基础、拉线、地线、架空地线。 测量接地电阻,涂号码牌和支柱上的标志等
12	检修隔离开关 常动 不常动	6个月 12个月	包括电联接器
13	检修避雷器	每年雷雨季节前	避雷器,包括接地线、引线、放电角隙等

续表

序号	项目	周期	范围
14	检修供电线路馈电线	12 个月	馈电线及相关附件、下锚
15	检修限界门、安全挡板和防护棚、网等安全设施	12 个月	调整、检修安全设施及其地线装置等，并涂漆
16	钢绞线涂油	3~4 年	各种钢质绞线
17	均回流系统	12 个月	包括回流轨之间连接电缆及正负极柜维护
18	分段绝缘器	12 个月	检查及调整

大修是恢复性的彻底修理。主要是成批更换磨耗、损伤到期的接触线、承力索及供电线、架空地线；更新零部件、支持装置和支柱、定位立柱；对接触网、馈电线和架空地线进行必要的改造，以及改善接触网的技术状态，提高供电能力。凡是大修更新的设备及其零部件等，均应符合新建工程的技术标准。表 6-2 为某城市接触网大修项目、周期和范围。

表 6-2 某城市接触网大修项目、周期和范围

序号	项目	周期	范围
1	接触线	按规定的磨耗限度（约 12 年）	整锚段更换接触线，同时更换吊弦及其线夹、电联接器、斜拉线、部分补偿器和定位器
2	承力索铜线	20~25 年	整锚段更换承力索，同时更换鞍子、斜拉线、中心锚结、部分支持装置、补偿器、绝缘子、吊弦及其线夹、电联接器
3	馈电线、架空地线（铜绞线）	25~35 年	整公里更换导线，同时更换线夹、绝缘子和支撑部件
4	支柱	25~30 年	批量地更换支柱（即在同一年度内更换钢柱超过 10 根）；同时更换拉线；同时更换硬横跨的硬横梁及其零件
5	隔离开关	20~25 年	批量地更换隔离开关（即 1 个供电段在同一年度内更换数量超过 10 台），同时更换电联接器

随着计算机、通信技术的发展和应用，为提高检修效益和合理安排利用劳动力资源，应积极创造条件，逐步由周期修向状态修过渡。

附 录

附录一 柔性接触网部分零部件图示

零件名称	零件图示	零件名称	零件图示
平腕臂	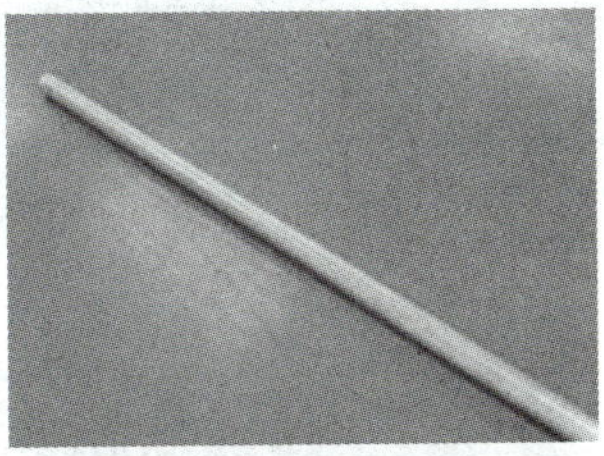	斜腕臂	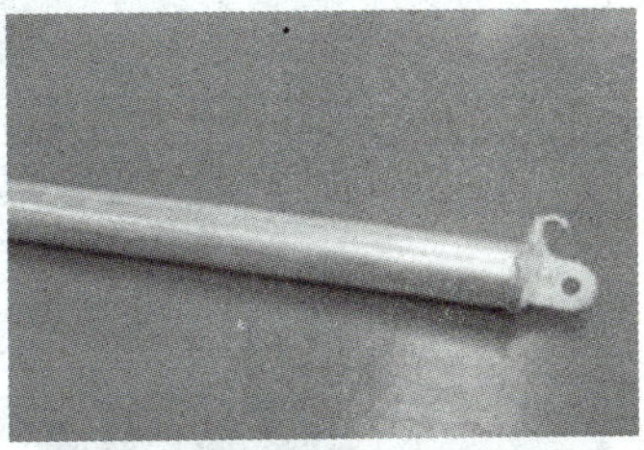
双线支撑线夹	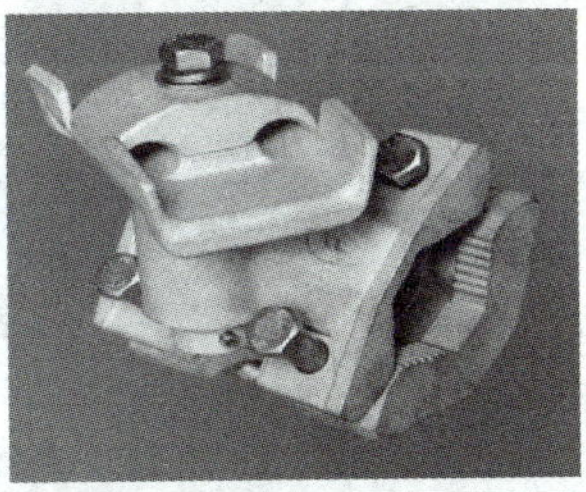	腕臂底座	
定位管	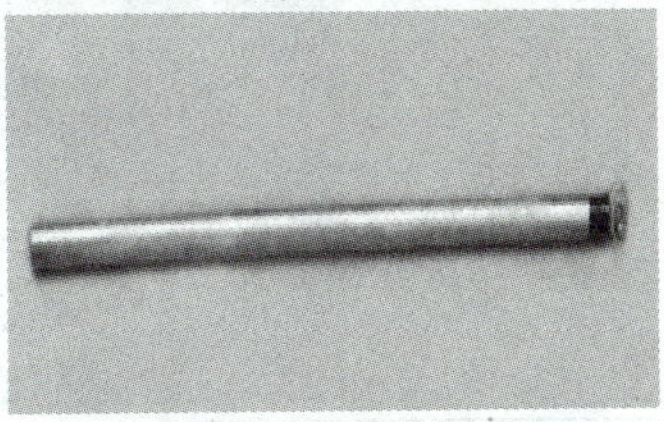	定位器	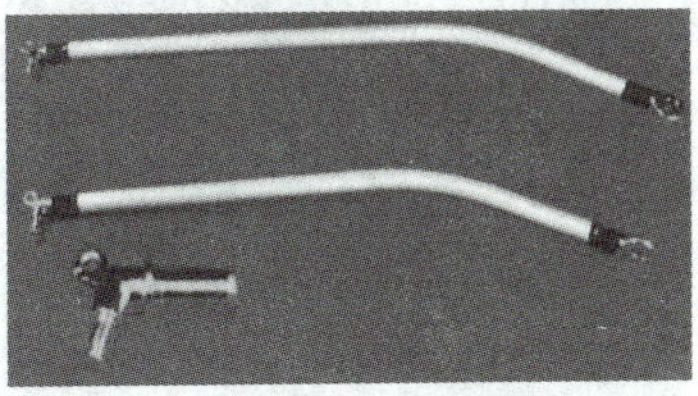
吊索线夹		定位双环	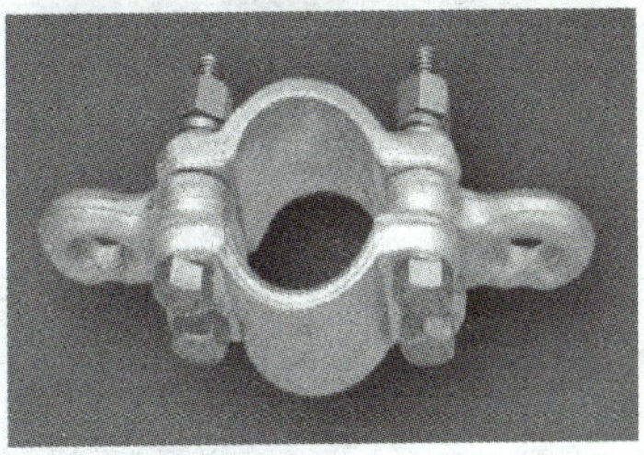

续表

零件名称	零件图示	零件名称	零件图示
ZG60型长定位环	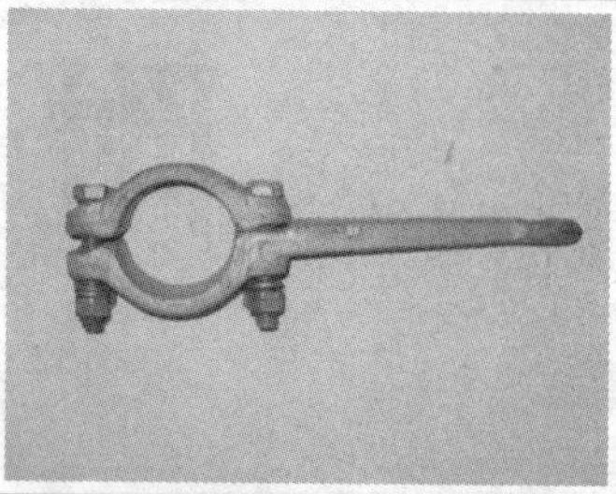	34型支持器	
套管双耳		定位环	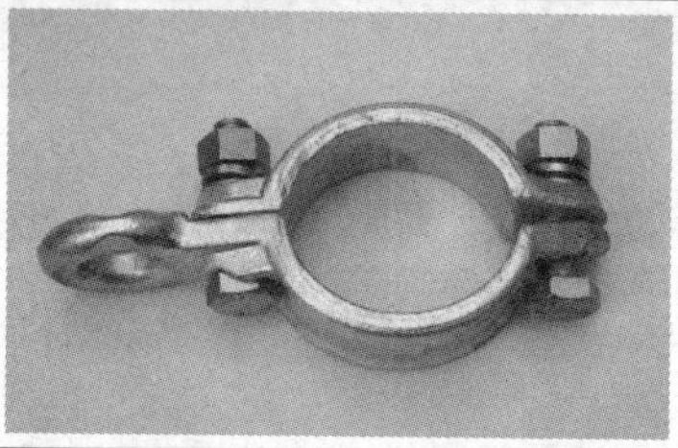
长定位双环	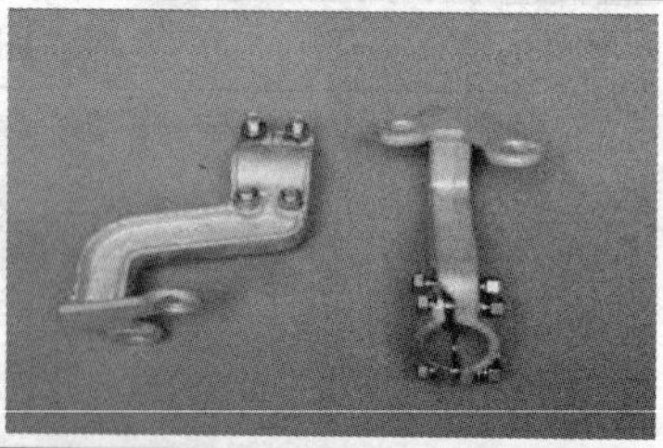	定位线夹	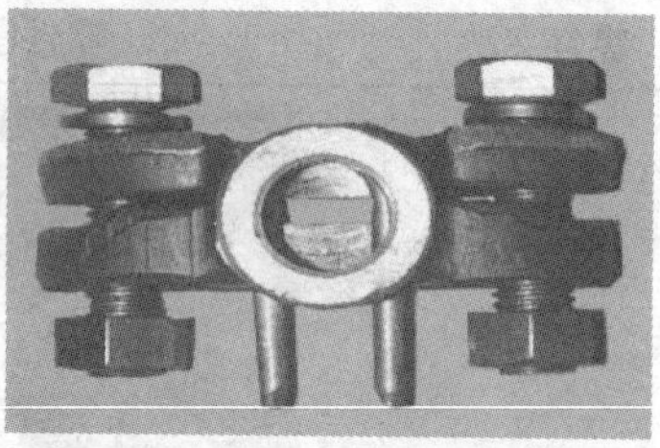
承力索中心锚结线夹		锚结绳固定线夹	
接触线中心锚结线夹	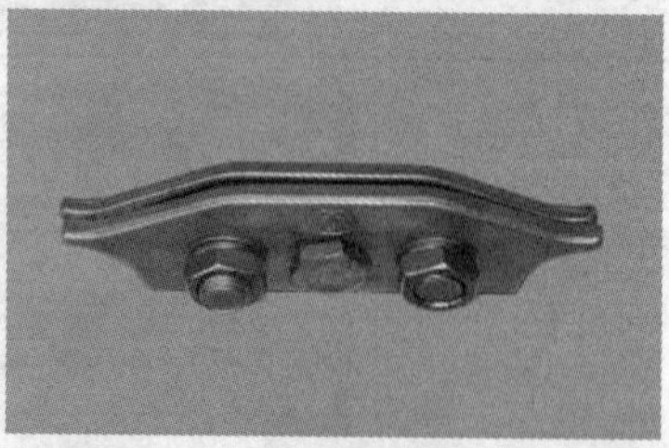	悬吊滑轮	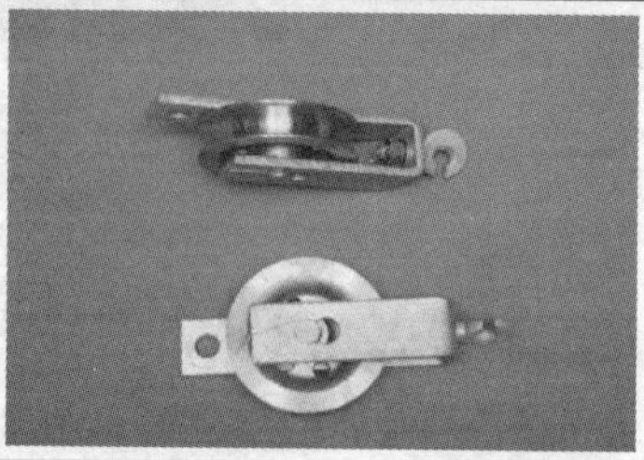
棘轮装置		调整螺栓	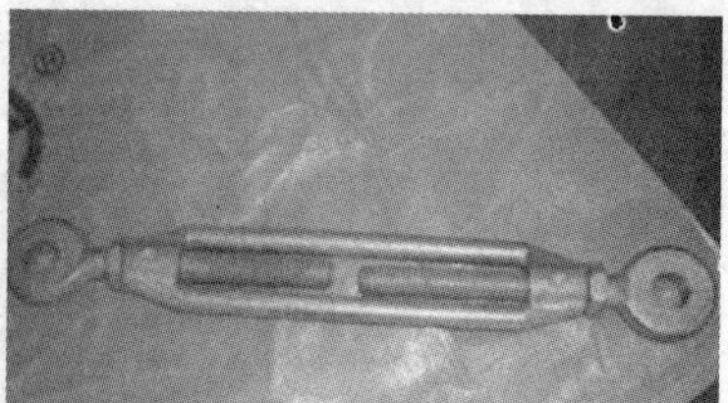

续表

零件名称	零件图示	零件名称	零件图示
T_1型坠砣杆		直式接触线电连接线夹	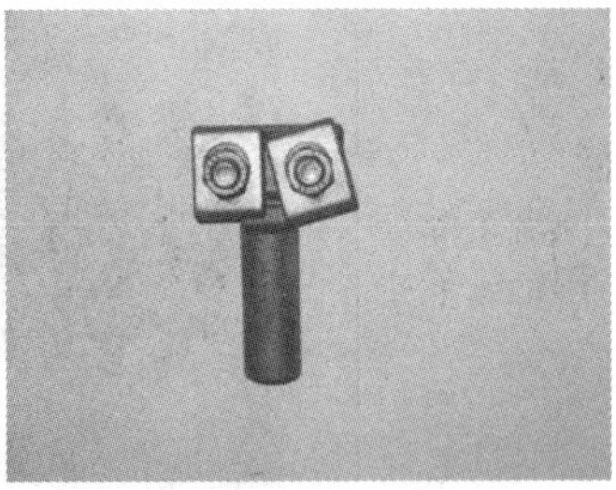
承力索电连接线夹		接触线电连接线夹	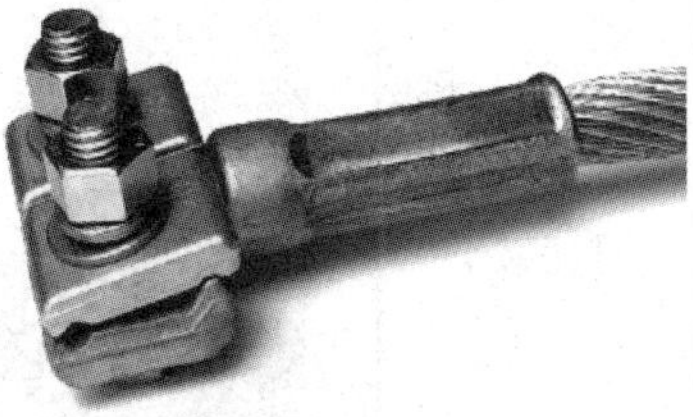
双承力索吊弦线夹		双承力索锚固线夹	
120型线夹	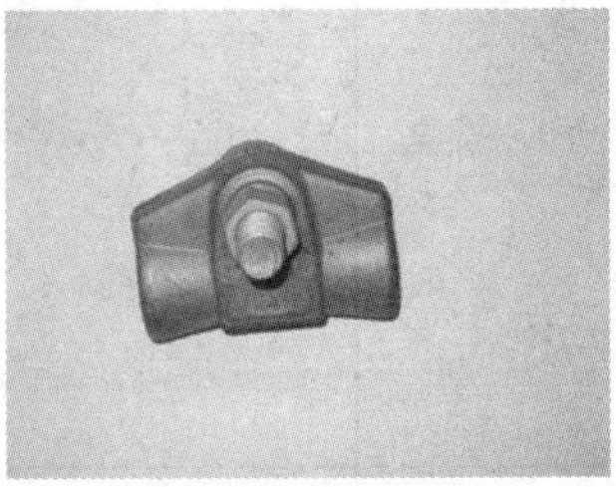	连接线夹	
针式绝缘子		避雷器	

续表

零件名称	零件图示	零件名称	零件图示
回流箱母排绝缘子		SA 型棒式绝缘子	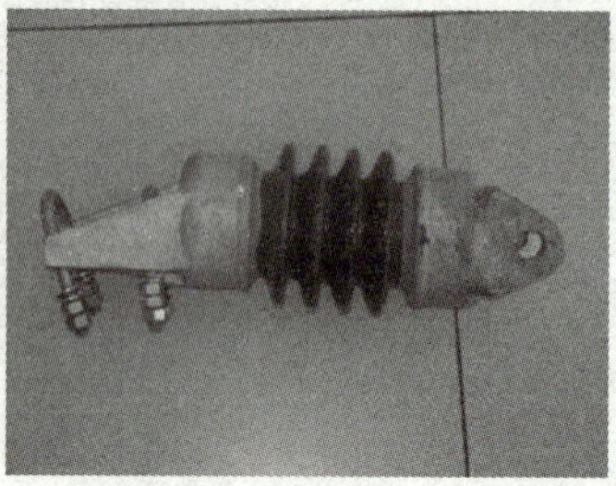
杵座鞍子	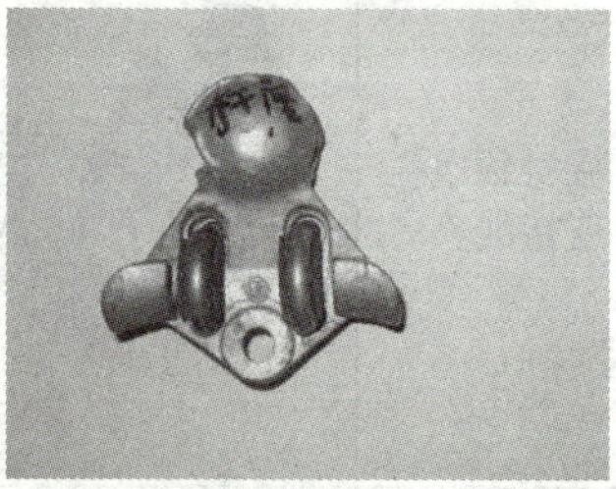		

附录二　刚性接触网部分零部件图示

零件名称	零件图示	零件名称	零件图示
地线线夹托板		T 形头螺栓	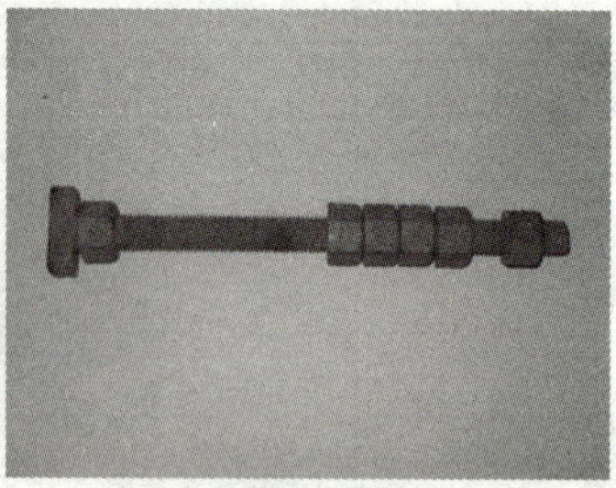
电连接线夹	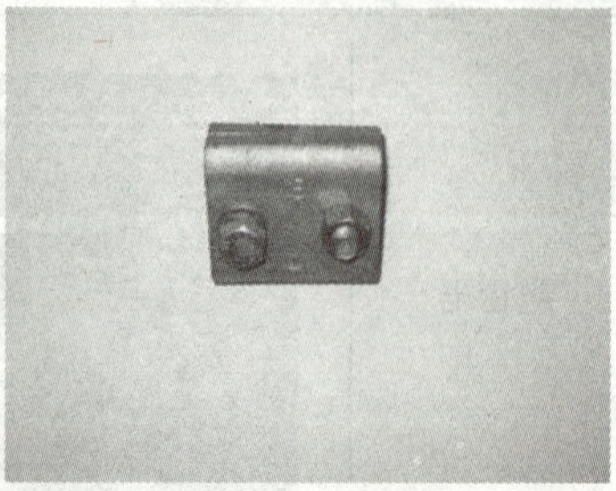	接地挂环	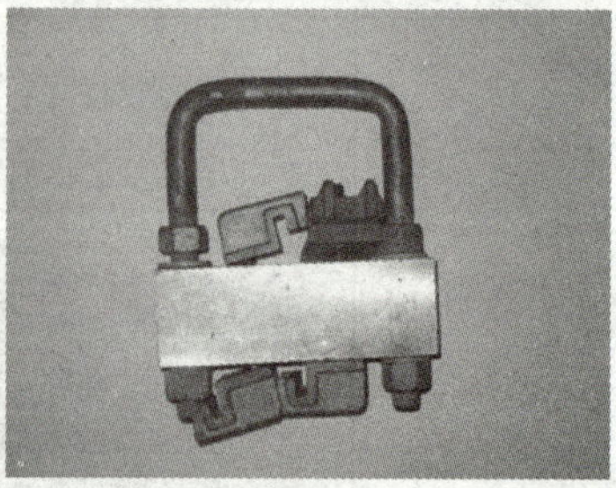

续表

零件名称	零件图示	零件名称	零件图示
汇流排定位线夹	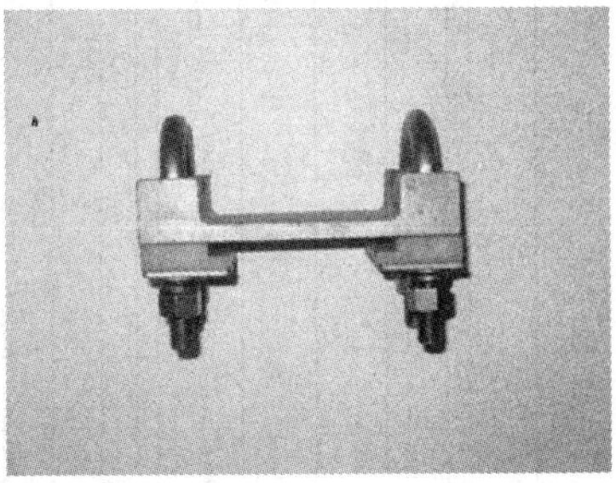	硅橡胶中心锚结绝缘棒	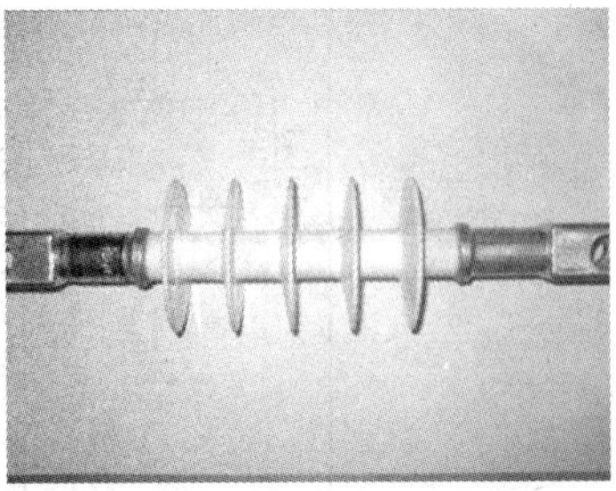
汇流排定位线夹	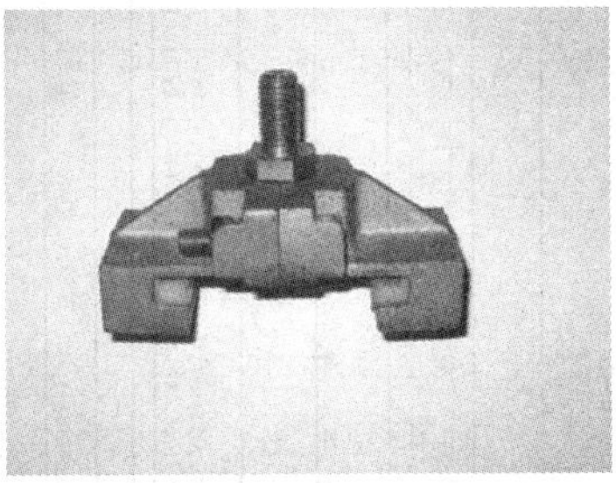	硅橡胶绝缘横撑	
汇流排中心锚结线夹	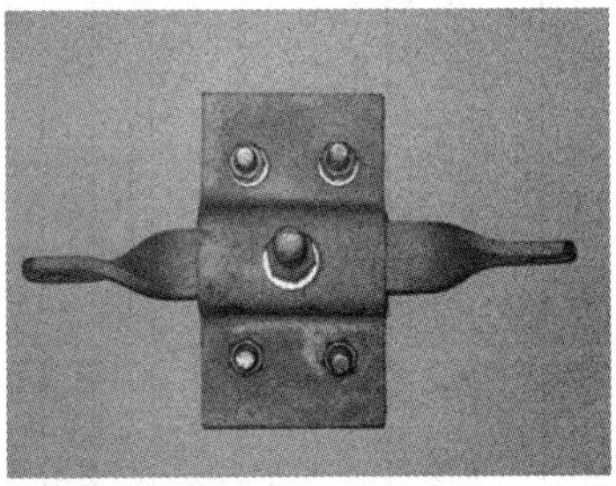	汇流排电连接线夹	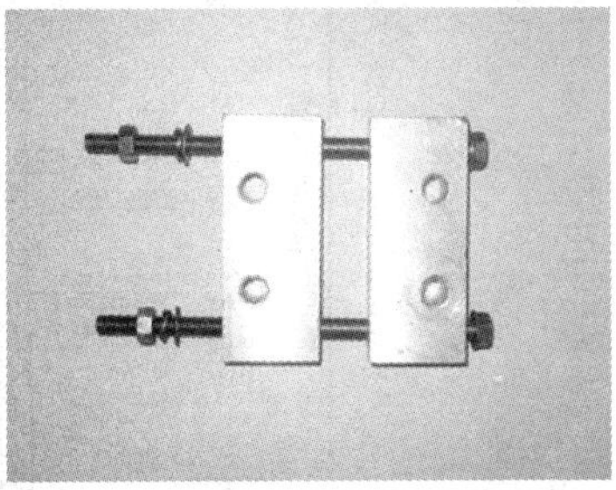
终锚线夹	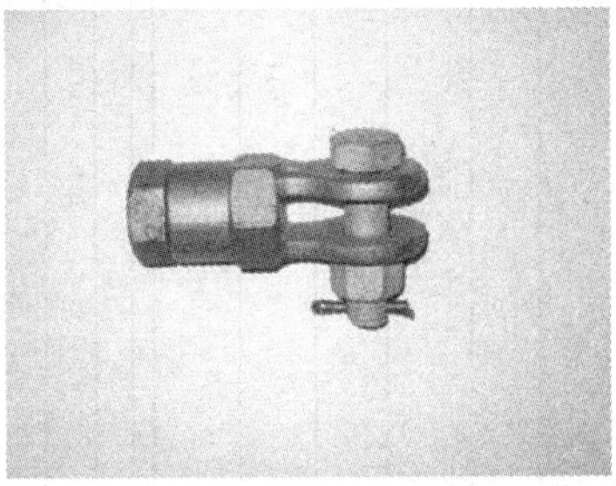	调节螺栓	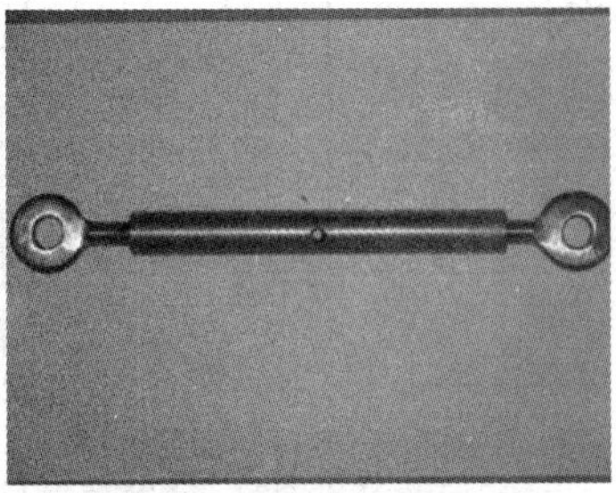
架空地线线夹	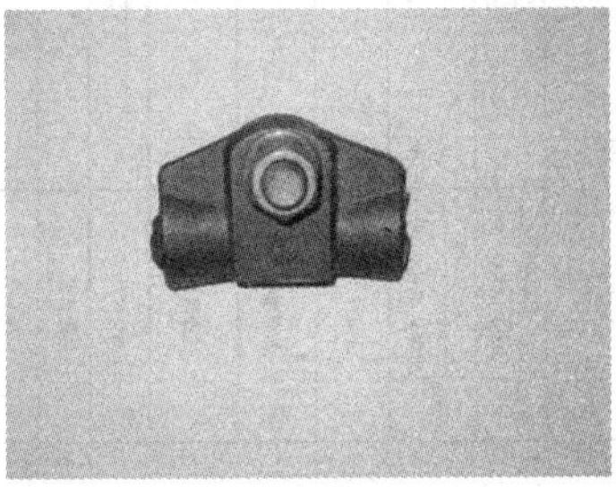	架空地线下锚底座	

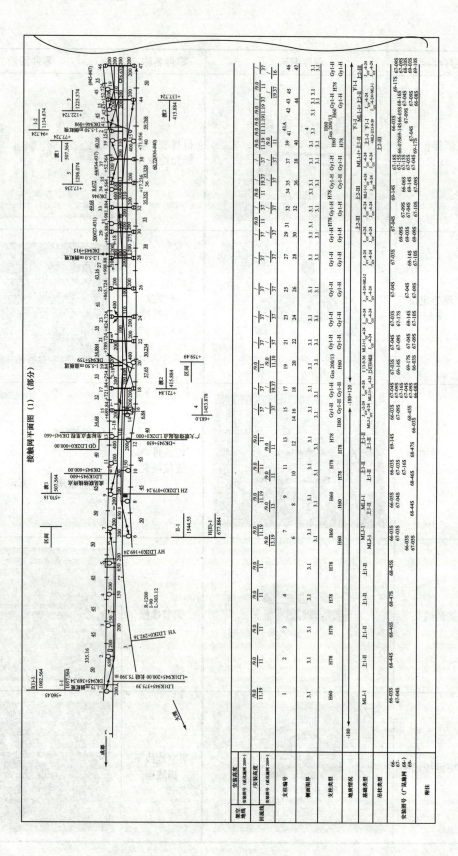

附录四 接触网平面图（工程数量、设计说明、图标部分）

接触网平面图(2)(平面图说明及图标部分)

主要工程数量、设备、材料表

序号	名 称		型号及规格	单位	数 量	备 注
1	接触线		CTSH-120	m	5489.54	
			CTSH-85	m	5330.114	
2	承力索		JTMH-95	m	5489.54	
			JTMH-70	m	5330.114	
3	回流线		LZGJ-182	m	4810	
4	架空地线		LZGJ-70	m	816.666	
5	支 柱		H60/9.8+3.0	根	16	
			H78/8.7+3.0	根	35	
			GyJ-H	根	72	
6	基 础		$G_\phi 200/13$	根	1	
			G250/9.5	根	16	
			上1-Ⅱ	处	7	
			上2-Ⅱ F1-Ⅰ	处	19	
			上2-Ⅲ	处	2	
			J13-9-36	处	8	
			J_{GY}-2-24	处	64	
			J_{GY}-4-24	处	1	
			J13-9-30	处	23	
7	拉线基础		MLJ-1	处	14	
			MLJ-2	处	36	
8	电缆类		JDZ	根	58	
9	吊柱类型		66-03S	处	4	
			66 04S	处	5	
			66-05S	处	2	
			66-06S	处	1	
			66-07S	处	3	
			66-08S	处	31	
			67-03S	处	35	
			67-05S	处	1	
10	安装参考图号	广邑接触网	67-09S	处	42	
			67-10S	处	25	
			67-12S	处	4	
			67-15S	处	5	
			67-16S	处	7	
			67-17S	处	1	
			68-15S	处	2	
			68-16S	处	1	
			68-17S	处	3	
			68-20S	处	2	
			68-44S	处	2	
			68-45S	处	2	
			68-46S	处	2	
			68-47S	处	13	
			69-14S	处	5	
			69-17S	处	58	
			2009-11	处	2	
			2009-13	处	2	
			2009-16	处	18	
			2009-19	处	15	
			2009-25	处	2	
			2009-37	处	54	
11	隔离开关		GW4-27.5T/1250	套	2	
			GW4-27.5UY/1250	套	1	
12	氧化锌避雷器			台	2	
13	股道电连接			处	2	
14	横向电连接			处	15	
15	分段绝缘器			处	6	

道 岔 表

道岔号	岔心里程	进岔号	岔心里程	支 位 量 线间距(mm)	岔后连接曲线	支柱位置 线间距(mm)
1-1/18	DK 945+660	2-1/12	DK 947+408.658	300		300
3-1/18	DK 945+750	4-1/12	DK 947+348.658	300		300
5-1/12	DK 945+759.85	6-1/12	DK 947+265.45	300		300
7-1/12	DK 945+824.364	8-1/12	DK 947+205.45	300		300
9-1/18	DK 945+913.724	10-1/12	DK 947+197.238	300		300
11-1/18	LZGJ-70	12-1/12	DK 947+137.238	300		300
13-1/12	DK 946+17.596	14-1/12	DK 947+146.732			
15-1/12	DK 946+77.596	16-1/12	DK 947+54.03	300		300
17-1/12	DK 946+93.084			300		
19-1/12	DK 946+153.084			300		

接地方式	支柱编号
1(b)	#2、#5、#8、#16、#49、#87、#98
2(b)	#14、#116

说明：

1. 本图根据广邑线施工设计(广通北车站站施工图图号、广邑施网101-06)、桥涵、隧道等有关资料设计。
2. 正线,JTMH-95+CTSH-120-全补偿简单链形悬挂，站线,JTMH-70-CTSH-85 全补偿简单链形悬挂。
3. 接触线悬挂高度均为6.00 m。
4. 以下支柱按规定方式接地：
5. 吊接触网开工前必须进行定测，如设计与实际不符不得开工，上表支柱打接地板与施工图开挖同时进行；
   接地方式的安装参详见广邑接触网-2006。
6. 本段接触网工程在联合接线上进行。加设计与施工中因严格把握以mm计外，其余均以m计。
7. 图中尺寸除按台出值以mm计外，其余均以m计。
8. 接触网钢柱基础施工后，应对基础埋设位置与本图一致后，方准施工。
9. 建筑框内的接触网支柱有需要时不施工，待调整施工图后再按柱基础位置与本图一致后，方准施工。

中铁二院工程集团有限责任公司				
广邑线电气化扩能改造工程施工图				
广通北车站接触网支柱布置图				
设 计 者		图号	广邑接触网101-06	
复 核 者		比例尺	1:2000	
专业技术负责人		日 期	2007.7	
室技术负责人		第 1 张共 1 张		
处总工程师				

附录五 接触网停电作业工作票

_____接触网_____班　　　作业令号_____第_____号

作业地点							
工作内容			发票人				
			发票日期				
工作票有效期	自　年　月　日　时　分至　年　月　日　时　分止						
工作领导人	姓　名：				安全等级：		
作业组成员姓名及安全等级（安全等级填在括号内）	（　）	（　）	（　　　）			（　　　）	
	（　）	（　）	（　　　）			（　　　）	
	（　）	（　）	（　　　）			（　　　）	
	（　）	（　）	（　　　）			（　　　）	
	共计　　　人						
需停电的设备							
装设接地线位置							
作业区防护措施	1. 派_____至_____车站（车场）_____登记清点。2. 验电、装拆地线时应与停电设备保持 1 m 以上的安全距离，先验电后接地线，戴绝缘手套。3. 在挂接地线处及作业组两端设置防护						
其他安全措施	1. 高空作业扎好安全带，作业组成员戴好安全帽。2. 作业前应检查工器具完好与否及材料齐备状况。3. 作业中时刻注意接触网及检修机具的受力状况，发现问题，及时反映。4. 作业组成员对所分配任务要清楚明了，作业中严守规章制度，坚持安全作业						
补充安全措施							

经检查安全措施已经做好，实际于_____年____月____日____时____分开始工作
工作领导人：_____（签字）

作业组成员变更记录		
工作票结束时间	年　月　日　时　分	
工作领导人（签字）	发票人（签字）	

附录六　接触网停电作业命令票

_____接触网工班　　　　第　　号

命令编号：	
批准时间： 年 月 日 时 分	
命令内容：	
要求完成时间： 年 月 日 时 分	
发令人：　　　　　　　受令人：	
消令时间： 年 月 日 时 分	
消令人：　　　　　　　供电调度员：	

说明：本票用白色纸印绿色格和字。规格：半幅 A4。

附录七 接触网远离作业工作票

_____接触网_____班组

作业地点		发票人	
作业内容		发票时间	
工作票有效期	自　年　月　日　时　分至　年　月　日　时　分止		
工作领导人	姓名：　　　　　　　　安全等级：		
作业组成员姓名及安全等级（安全等级填在括号内）	（　）（　）（　）（　）（　） （　）（　）（　）（　）（　） （　）（　）（　）（　）（　） （　）（　）（　）（　）（　） （　）（　）（　）（　）（　） （　）（　）（　）（　）共计：　人		
安全措施			
变更作业组成员记录			
工作票结束时间	年　月　日　时　分		
工作领导人（签字）		发票人（签字）	

说明：本票用白色纸印黑色格和字。

参 考 文 献

[1] 吉鹏霄，等. 电气化铁路接触网［M］. 3版. 北京：化学工业出版社，2015.
[2] 王艳荣. 城市轨道交通接触网维护［M］. 北京：人民交通出版社，2012.
[3] 董昭德. 接触网［M］. 北京：中国铁道出版社，2014.

城市轨道交通接触网技术（第 2 版）

学习手册

北京理工大学出版社
BEIJING INSTITUTE OF TECHNOLOGY PRESS

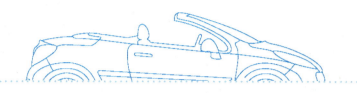

目 录
CONTENTS

学习单元一　城市轨道交通供电系统概述 …… 181
学习任务单 1.1 …… 181
学习任务单 1.2 …… 183
学习任务单 1.3 …… 185
学习任务单 1.4 …… 187

学习单元二　柔性接触网结构与设备 …… 190
学习任务单 2.1 …… 190
学习任务单 2.2 …… 192
学习任务单 2.3 …… 194
学习任务单 2.4 …… 197
学习任务单 2.5 …… 204

学习单元三　刚性接触网结构与设备 …… 208
学习任务单 3.1 …… 208
学习任务单 3.2 …… 210
学习任务单 3.3 …… 212
学习任务单 3.4 …… 215

学习单元四　接触轨结构与设备 …… 217
学习任务单 4.1 …… 217
学习任务单 4.2 …… 220

学习单元五　接触网设计与施工 …… 223
学习任务单 5.1 …… 223
学习任务单 5.2 …… 226

学习单元六　接触网运营管理 …… 229
学习任务单 …… 229

学习单元一

城市轨道交通供电系统概述

学习任务单 1.1

学习单元	城市轨道交通供电系统概述		第一节		城市轨道交通发展	
班　　级			姓　　名			
学习小组			学　　号			
学习资源	视频	PPT	动画演示	实训仿真	图片	教学案例
	√	√			√	
教学目标	能力目标：					
	知识目标：					
	素质目标：					
课堂任务导入	请书写并记忆城市轨道交通的概念。					

续表

课堂任务分解	1. 以小组为单位，查找相关参考资料及手册完成表1-1。 表1-1 中国城市轨道交通发展 | 项目	认知内容		
---	---	---	---
中国城市轨道交通发展历程			
中国主要城市轨道交通建设情况	城市	类型	规模
			| 2. 以小组为单位，查找相关参考资料及手册完成表1-2。 表1-2 世界城市轨道交通发展 | 序号	项目	认知内容		
1	世界城市轨道交通发展历程			
2	世界主要城市轨道交通建设情况	城市	类型	规模
课外拓展	请查阅资料说明城市建设城市轨道交通的申报条件。			

续表

学习效果评价	专业（知识/能力）收获		（非专业）能力素质收获		
	评价考核项目	自我评价	小组评价		教师评价
	主动提出问题数量				
	课外学习时间（学时）				
	兴趣自主学习程度（收集相关知识点数）				
	工作态度（课堂、课后任务完成情况）	☆☆☆☆☆	☆☆☆☆☆		☆☆☆☆☆
	合作意识及协调能力	☆☆☆☆☆	☆☆☆☆☆		☆☆☆☆☆
	正确表达和沟通能力	☆☆☆☆☆	☆☆☆☆☆		☆☆☆☆☆
	自律能力（缺勤/旷课/迟到/违纪次数）				

学习任务单 1.2

学习单元	城市轨道交通供电系统概述			第二节	城市轨道交通供电系统	
班　　级				姓　名		
学习小组				学　号		
学习资源	视频	PPT	动画演示	实训仿真	图片	教学案例
	√	√	√		√	
教学目标	能力目标：					
	知识目标：					
	素质目标：					

续表

课堂任务导入	请书写并记忆城市轨道交通供电系统的概念。			
课堂任务分解	1. 请查阅并书写城市轨道交通供电系统的组成。 2. 请查阅资料并分析城市电网对城市轨道交通的供电方式有哪些？ 3. 请书写城市轨道交通供电系统的功能。			
课外拓展	请依据城市轨道交通运营的特殊性，分析城市轨道交通对供电系统的要求有哪些？			
学习效果评价	专业（知识/能力）收获	（非专业）能力素质收获		
	评价考核项目	自我评价	小组评价	教师评价
	主动提出问题数量			
	课外学习时间（学时）			
	兴趣自主学习程度（收集相关知识点数）			
	工作态度（课堂、课后任务完成情况）	☆☆☆☆☆	☆☆☆☆☆	☆☆☆☆☆
	合作意识及协调能力	☆☆☆☆☆	☆☆☆☆☆	☆☆☆☆☆
	正确表达和沟通能力	☆☆☆☆☆	☆☆☆☆☆	☆☆☆☆☆
	自律能力（缺勤/旷课/迟到/违纪次数）			

学习任务单 1.3

学习单元	城市轨道交通供电系统概述		第三节		城市轨道交通接触网系统	
班　级			姓　名			
学习小组			学　号			
学习资源	视频	PPT	动画演示	实训仿真	图片	教学案例
	√	√	√		√	

教学目标	能力目标：
	知识目标：
	素质目标：

课堂任务导入	1. 请书写并记忆城市轨道交通接触网系统。 2. 请分析接触线与输电线的区别。

续表

课堂任务分解	1. 请完成下列表格。 | 类型	电流制	电压等级	馈电方式	其他区别 | |---|---|---|---|---|
铁路轨道交通				
城市轨道交通					 2. 请列出接触网的结构形式，并任选两种结构形式简述其不同之处。 3. 请绘制牵引供电回路图并标出主要构成。 4. 请总结接触网常见的供电方式及使用范围。
课外拓展	请实地调查所在城市采用的接触网供电制式、接触网类型、接触网的供电方式。

续表

学习效果评价	专业（知识/能力）收获		(非专业)能力素质收获	
	评价考核项目	自我评价	小组评价	教师评价
	主动提出问题数量			
	课外学习时间（学时）			
	兴趣自主学习程度（收集相关知识点数）			
	工作态度（课堂、课后任务完成情况）	☆☆☆☆☆	☆☆☆☆☆	☆☆☆☆☆
	合作意识及协调能力	☆☆☆☆☆	☆☆☆☆☆	☆☆☆☆☆
	正确表达和沟通能力	☆☆☆☆☆	☆☆☆☆☆	☆☆☆☆☆
	自律能力（缺勤/旷课/迟到/违纪次数）			

学习任务单 1.4

学习单元	城市轨道交通供电系统概述		第四节		受电弓及弓网系统	
班　级			姓　名			
学习小组			学　号			
学习资源	视频	PPT	动画演示	实训仿真	图片	教学案例
	√	√	√		√	
教学目标	能力目标：					
	知识目标：					
	素质目标：					

续表

课堂任务导入	请书写并记忆弓网系统的概念。
课堂任务分解	1. 请识别图中受电弓的结构。 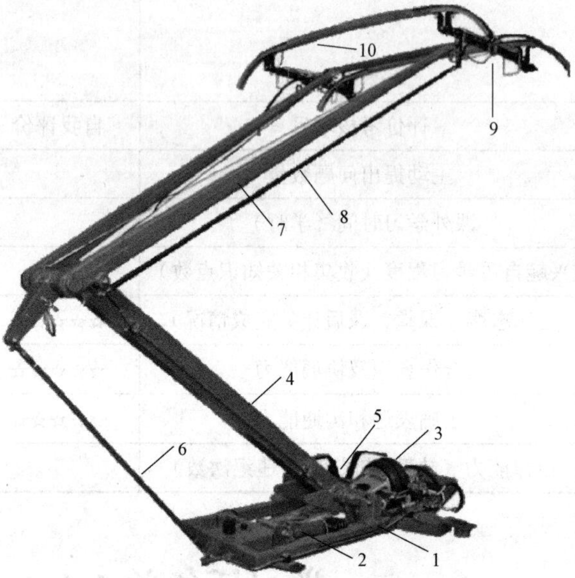 2. 请分析影响弓网系统稳定性的因素。 3. 请分析接触线"之"字形布设的原因。
课外拓展	请分析目测观察受电弓弓头碳滑条的内容，什么情况下需要更换碳滑条？

续表

学习效果评价	专业（知识/能力）收获	（非专业）能力素质收获		
	评价考核项目	自我评价	小组评价	教师评价
	主动提出问题数量			
	课外学习时间（学时）			
	兴趣自主学习程度（收集相关知识点数）			
	工作态度（课堂、课后任务完成情况）	☆☆☆☆☆	☆☆☆☆☆	☆☆☆☆☆
	合作意识及协调能力	☆☆☆☆☆	☆☆☆☆☆	☆☆☆☆☆
	正确表达和沟通能力	☆☆☆☆☆	☆☆☆☆☆	☆☆☆☆☆
	自律能力（缺勤/旷课/迟到/违纪次数）			

学习单元二

柔性接触网结构与设备

学习任务单 2.1

学习单元	柔性接触网结构与设备		第一节		支柱与基础	
班　级			姓　名			
学习小组			学　号			
学习资源	视频	PPT	动画演示	实训仿真	图片	教学案例
	√	√	√		√	
教学目标	能力目标： 知识目标： 素质目标：					
课堂任务导入	请书写符号 $H\dfrac{78}{8.7+3}$、$G\dfrac{70}{10}$ 的含义。					

续表

| 课堂任务分解 | 1. 请简述支柱按材质分类,并说明不同支柱的优缺点。

2. 请总结支柱按用途分的分类,并绘制它们的位置分布图。

3. 请描述门形架的组成。

4. 请识别所在城市地铁或轻轨线路上看到的支柱类型及用途。

| 类型 | 地铁/轻轨某号线某区间支柱标号 | 材质 |
\|---\|---\|---\|
\| 中间支柱 \| \| \|
\| 锚柱 \| \| \|
\| 转换支柱 \| \| \|
\| 中心支柱 \| \| \|
\| 定位支柱 \| \| \|
\| 道岔支柱 \| \| \|
\| 软横跨支柱 \| \| \|
\| 硬横跨支柱 \| \| \| |

续表

课外拓展	请查找资料说明如何测定支柱的斜率。			
学习效果评价	专业（知识/能力）收获		（非专业）能力素质收获	
	评价考核项目	自我评价	小组评价	教师评价
	主动提出问题数量			
	课外学习时间（学时）			
	兴趣自主学习程度（收集相关知识点数）			
	工作态度（课堂、课后任务完成情况）	☆☆☆☆☆	☆☆☆☆☆	☆☆☆☆☆
	合作意识及协调能力	☆☆☆☆☆	☆☆☆☆☆	☆☆☆☆☆
	正确表达和沟通能力	☆☆☆☆☆	☆☆☆☆☆	☆☆☆☆☆
	自律能力（缺勤/旷课/迟到/违纪次数）			

学习任务单 2.2

学习单元	柔性接触网结构与设备		第二节		支持装置	
班　　级			姓　名			
学习小组			学　号			
学习资源	视频	PPT	动画演示	实训仿真	图片	教学案例
	√	√	√		√	
教学目标	能力目标：					
	知识目标：					
	素质目标：					

续表

课堂任务导入	请分析支持装置的作用及主要的零部件。
课堂任务分解	1. 请简述绝缘腕臂和非绝缘腕臂的结构特点，我国多采用哪种形式的腕臂？ 2. 请总结影响腕臂装配的因素。 3. 请说明导高、结构高度、侧面限界的含义，城市轨道交通对它们有何要求？ 4. 请说明绝缘子的作用。 5. 请表述绝缘子电气性能的参数。 6. 请完成下列表格： | 绝缘子按材质分类	优点	缺点	应用
---	---	---	---
				  7. 请简述绝缘子按结构分类，并分析其应用的场所。

续表

课外拓展	请分析绝缘子的污闪是怎么形成的，采取哪些措施可以减少绝缘子污闪的发生？				
学习效果评价	专业（知识/能力）收获		（非专业）能力素质收获		
	评价考核项目	自我评价	小组评价		教师评价
	主动提出问题数量				
	课外学习时间（学时）				
	兴趣自主学习程度（收集相关知识点数）				
	工作态度（课堂、课后任务完成情况）	☆☆☆☆☆	☆☆☆☆☆		☆☆☆☆☆
	合作意识及协调能力	☆☆☆☆☆	☆☆☆☆☆		☆☆☆☆☆
	正确表达和沟通能力	☆☆☆☆☆	☆☆☆☆☆		☆☆☆☆☆
	自律能力（缺勤/旷课/迟到/违纪次数）				

学习任务单 2.3

学习单元	柔性接触网结构与设备		第三节		定位装置
班　级			姓　名		
学习小组			学　号		
学习资源	视频	PPT	动画演示	实训仿真	图片	教学案例
	√	√	√		√	
教学目标	能力目标： 知识目标： 素质目标：				

续表

课堂任务导入	请分析定位装置的作用及主要的零部件。
课堂任务分解	1. 请描述接触网对定位装置的技术要求。 2. 请列出接触线常见定位方式,并请绘制正定位和反定位的对比图。 3. 请书写并记忆之字值和拉出值。 4. 请分析为什么要设拉出值,影响拉出值的因素有哪些? 5. 请简述之字值和拉出值测量及检调步骤。 6. 请书写并记忆 a、m、c 各表示的含义,m 值的正负代表的含义。

续表

课堂任务分解	7. 某支柱定位点接触线高度为 6 000 mm，所处曲线半径为 300 m，设计拉出值为 400 mm，外轨超高为 30 mm，两轨条中心距为 1 500 mm，试确定该定位点接触线距线路中心线的距离，并绘图说明。 8. 某接触网工区在区间进行日常综合检修，调整拉出值，当检调到曲线处 112#支柱定位时，实测 $m_{实}$=70 mm，测得外轨超高为 120 mm，导高为 6 000 mm，$a_{标}$=400 mm，工作领导人让操作人将该定位向外轨侧再拉 120 mm。结果作业组作业结束消令后，第一趟电力机车通过时即发生了弓网事故，请分析弓网事故发生原因，并恢复到正常条件。 9. 某区间支柱定位点接触线高度为 6 000 mm，所处曲线半径为 500 m，设计拉出值为 400 mm，外轨超高为 120 mm，两轨条中心距为 1 500 mm。试确定该定位点接触线距线路中心的距离。
课外拓展	某区间接触网定位点处接触线高度（导高）H=6 000 mm，所处区段为曲线，曲线半径 R=1 200 m，允许 V_{max}=130 km/h，设计拉出值 a=400 mm。若现场实测该定位处接触线投影在线路中心线至外轨间且距线路中心线距离为 120 mm，需要调整吗？若调整应如何调整？

续表

学习效果评价	专业（知识/能力）收获		（非专业）能力素质收获		
	评价考核项目	自我评价	小组评价	教师评价	
	主动提出问题数量				
	课外学习时间（学时）				
	兴趣自主学习程度（收集相关知识点数）				
	工作态度（课堂、课后任务完成情况）	☆☆☆☆☆	☆☆☆☆☆	☆☆☆☆☆	
	合作意识及协调能力	☆☆☆☆☆	☆☆☆☆☆	☆☆☆☆☆	
	正确表达和沟通能力	☆☆☆☆☆	☆☆☆☆☆	☆☆☆☆☆	
	自律能力（缺勤/旷课/迟到/违纪次数）				

学习任务单 2.4

学习单元	柔性接触网结构与设备		第四节		接触悬挂	
班　级			姓　名			
学习小组			学　号			
学习资源	视频	PPT	动画演示	实训仿真	图片	教学案例
	√	√	√		√	
教学目标	能力目标：					
	知识目标：					
	素质目标：					

续表

课堂任务导入	1. 请书写并记忆接触悬挂的概念。 2. 请描述接触悬挂按照结构的分类类型。
课堂任务分解	1. 请分析接触悬挂按照线索锚定方式可以分为几种类型？分析温度对它们弹性均匀程度的影响。 2. 按照接触线和承力索在空间的位置关系，可以分为几种类型，比较其优缺点。 3. 请描述符号CT120、CTAH120、CTHM120的含义。 4. 请简述接触线的作用及要求，城市轨道交通中常见的接触线有哪几种？

课堂任务分解	5. 请书写并记忆接触线的磨耗的概念，对磨耗有什么技术要求？ 6. 某锚段接触线采用 TCG-110 型导线，测出导线平均磨耗高度为 3.7mm，补偿器传动比为 1:2，在表中查出磨耗面积，导线此时张力应调为多少？坠砣应如何调整？ 7. 请简述承力索的作用及要求，并分析常见的承力索有哪些？ 8. 请简述吊弦的作用，并分析吊弦的种类有哪些？ 9. 请查阅资料总结检修中对吊弦的偏移的规定。

续表

课堂任务分解	10. 某半补偿弹性链形悬挂，悬挂类型为 GJ-70+GLCA100/215，已知该吊弦距中心锚结为 800 m，设计最高温度为 40 ℃，最低温度为 -20 ℃，求调整温度为 -5 ℃时的吊弦偏移值及应向什么方向偏？ 11. 某全补偿简单链形悬挂的跨距为 65 m，要布置 7 根吊弦，结构高度 1.4 m，承力索弛度 0.78 m。试计算这段跨距的吊弦间距及每根吊弦的长度。 12. 请简述补偿装置的作用，常见的补偿装置有哪些类型？ 13. 请描述滑轮补偿装置的主要组成，滑轮补偿装置的传动比是什么？ 14. 请描述常见的坠砣类型，对坠砣有哪些技术要求？

课堂任务分解	15. 请书写并记忆补偿装置的 a、b 值，补偿装置的 a、b 值是如何确定的？
	16. a、b 值的大小受接触网哪些参数的影响？a、b 值不符合规定会出现哪些故障？
	17. 请简述棘轮式补偿装置的工作原理。
	18. 请分析如何绘制和使用补偿坠砣安装曲线。
	19. 某全补偿简单悬挂，悬挂类型为 THJ-100+CHTA-120，承力索和接触线分别选用 1:4 和 1:3 传动比滑轮组补偿器，最高温度为 40 ℃，根据设计要求计算在气温为 20 ℃，L 为 550 m、800 m 时的 b 值分别是多少？

续表

课堂任务分解	20. 在一直线区段，采用 GJ-70+GLCA100/215 半补偿链形悬挂，$L=800$ m，$\alpha=1.74\times10^{-5}$ ℃$^{-1}$，$t_{max}=40$ ℃，$t_{min}=-20$ ℃，$n_J=2$，试计算安装温度为 10 ℃时的 a、b 值。 21. 某全补偿简单链形悬挂，采用 GJ-70+GLCA100/215，$L=800$ m，$\alpha_J=1.74\times10^{-5}$ ℃$^{-1}$，该地区最高气温为 +40 ℃，最低气温为 -20 ℃，接触线的传动比为 1:2，试计算安装温度为 10 ℃时的接触线的 a、b 值。 22. 请简述棘轮补偿装置的优点，并分析常见的故障有哪些。 23. 请书写并记忆锚段的概念，分析为什么要划分锚段，确定锚段长度的理论依据是什么？ 24. 请书写并记忆锚段关节的概念，绘制直线区段三跨、四跨锚段关节的平面布置图，并说明技术要求。

续表

课堂任务分解	25. 请比较绝缘锚段关节和非绝缘锚段关节的不同。 26. 请简述中心锚结的作用，中心锚结应安装在什么地方？ 27. 请绘制常见的两种全补偿链形悬挂中心锚结结构。		
课外拓展	请分析应如何提高接触悬挂的稳定性。		
学习效果评价	专业（知识/能力）收获	（非专业）能力素质收获	
^	评价考核项目	自我评价	小组评价	教师评价
^	主动提出问题数量			
^	课外学习时间（学时）			
^	兴趣自主学习程度（收集相关知识点数）			
^	工作态度（课堂、课后任务完成情况）	☆☆☆☆☆	☆☆☆☆☆	☆☆☆☆☆
^	合作意识及协调能力	☆☆☆☆☆	☆☆☆☆☆	☆☆☆☆☆
^	正确表达和沟通能力	☆☆☆☆☆	☆☆☆☆☆	☆☆☆☆☆
^	自律能力（缺勤/旷课/迟到/违纪次数）			

学习任务单 2.5

学习单元	柔性接触网结构与设备		第五节		其他设备	
班　级			姓　名			
学习小组			学　号			
学习资源	视频	PPT	动画演示	实训仿真	图片	教学案例
	√	√	√		√	

教学目标	能力目标：
	知识目标：
	素质目标：

课堂任务导入	请列举柔性接触网其他设备结构。

续表

课堂任务分解	1. 请描述线岔的作用及结构。
	2. 请描述始触点和始触区。
	3. 请分析线岔处发生的故障及原因。
	4. 请分析软横跨由哪几部分组成,各有什么作用。
	5. 请简述软横跨节点的用途。

续表

课堂任务分解	6. 请表示下图软横跨节点（其中5道为装卸线） 7. 请简述硬横跨常见的类型。 8. 请简述电连接的主要类型。 9. 请简述分段绝缘器的作用。

续表

课堂任务分解	10. 请简述隔离开关的作用及结构。 11. 请简述避雷器的作用。 12. 请简述地线的作用。			
课外拓展	请查找资料区分供电线、保护线、地线、回流线、馈线。			
学习效果评价	专业（知识/能力）收获		（非专业）能力素质收获	
	评价考核项目	自我评价	小组评价	教师评价
	主动提出问题数量			
	课外学习时间（学时）			
	兴趣自主学习程度（收集相关知识点数）			
	工作态度（课堂、课后任务完成情况）	☆☆☆☆☆	☆☆☆☆☆	☆☆☆☆☆
	合作意识及协调能力	☆☆☆☆☆	☆☆☆☆☆	☆☆☆☆☆
	正确表达和沟通能力	☆☆☆☆☆	☆☆☆☆☆	☆☆☆☆☆
	自律能力（缺勤/旷课/迟到/违纪次数）			

学习单元三

刚性接触网结构与设备

学习任务单 3.1

学习单元	刚性接触网结构与设备		第一节		刚性接触网系统简介	
班　级			姓　名			
学习小组			学　号			
学习资源	视频 √	PPT √	动画演示	实训仿真	图片 √	教学案例
教学目标	能力目标：					
	知识目标：					
	素质目标：					
课堂任务导入	请书写并记忆刚性接触网的概念。					

续表

	1. 以小组为单位，查找相关参考资料及手册完成表 3-1。
	表 3-1 中国刚性接触网发展

<table>
<tr><th>序号</th><th>项目</th><th colspan="3">认知内容</th></tr>
<tr><td>1</td><td>中国刚性接触网发展历程</td><td colspan="3"></td></tr>
<tr><td rowspan="4">2</td><td rowspan="4">中国主要城市刚性接触网建设情况</td><td>城市</td><td>类型</td><td>规模</td></tr>
<tr><td></td><td></td><td></td></tr>
<tr><td></td><td></td><td></td></tr>
<tr><td></td><td></td><td></td></tr>
</table>

2. 以小组为单位，查找相关参考资料及手册完成表 3-2。

表 3-2 世界刚性接触网发展

<table>
<tr><th>序号</th><th>项目</th><th colspan="3">认知内容</th></tr>
<tr><td>1</td><td>世界刚性接触网发展历程</td><td colspan="3"></td></tr>
<tr><td rowspan="4">2</td><td rowspan="4">世界刚性接触网建设情况</td><td>城市</td><td>类型</td><td>规模</td></tr>
<tr><td></td><td></td><td></td></tr>
<tr><td></td><td></td><td></td></tr>
<tr><td></td><td></td><td></td></tr>
</table>

3. 请说明刚性接触网具有的特点。

课堂任务分解

续表

课外拓展	请查阅资料说明城市轨道交通刚性接触网的发展趋势。			
学习效果评价	专业（知识/能力）收获		（非专业）能力素质收获	
	评价考核项目	自我评价	小组评价	教师评价
	主动提出问题数量			
	课外学习时间（学时）			
	兴趣自主学习程度（收集相关知识点数）			
	工作态度（课堂、课后任务完成情况）	☆☆☆☆☆	☆☆☆☆☆	☆☆☆☆☆
	合作意识及协调能力	☆☆☆☆☆	☆☆☆☆☆	☆☆☆☆☆
	正确表达和沟通能力	☆☆☆☆☆	☆☆☆☆☆	☆☆☆☆☆
	自律能力（缺勤/旷课/迟到/违纪次数）			

学习任务单 3.2

学习单元	刚性接触网结构与设备		第二节		支持定位装置	
班　级			姓　名			
学习小组			学　号			
学习资源	视频	PPT	动画演示	实训仿真	图片	教学案例
	√	√			√	
教学目标	能力目标：					

续表

教学目标	知识目标：	
	素质目标：	

课堂任务导入	1. 请书写刚性接触网的结构组成。 2. 请书写并记忆支持定位装置的作用。

课堂任务分解

1. 请完成支持定位装置不同结构类型表 3-3。

表 3-3　刚性支持定位装置不同结构类型

结构类型	主要零部件	特点	适用条件

2. 请分析说明支持定位装置的常见故障及原因。

续表

课外拓展	请查阅资料说明针对支持定位装置的故障应采取哪些措施。			
学习效果评价	专业（知识/能力）收获		（非专业）能力素质收获	
	评价考核项目	自我评价	小组评价	教师评价
	主动提出问题数量			
	课外学习时间（学时）			
	兴趣自主学习程度（收集相关知识点数）			
	工作态度（课堂、课后任务完成情况）	☆☆☆☆☆	☆☆☆☆☆	☆☆☆☆☆
	合作意识及协调能力	☆☆☆☆☆	☆☆☆☆☆	☆☆☆☆☆
	正确表达和沟通能力	☆☆☆☆☆	☆☆☆☆☆	☆☆☆☆☆
	自律能力（缺勤/旷课/迟到/违纪次数）			

学习任务单 3.3

学习单元	刚性接触网结构与设备		第三节		接触悬挂	
班级			姓名			
学习小组			学号			
学习资源	视频	PPT	动画演示	实训仿真	图片	教学案例
	√	√			√	
教学目标	能力目标：					

续表

教学目标	知识目标：			
	素质目标：			
课堂任务导入	请书写并记忆刚性接触悬挂的主要部件。			
课堂任务分解	1. 请完成"Π"形汇流排结构表。 表3-4 "Π"形汇流排结构表			
	序号	结构类型	作用	长度
	1			
	2			
	3			
	4			
	2. 请分析说明汇流排的常见故障及原因。			

续表

课堂任务分解	3. 请分析说明汇流排跨距与速度之间的关系。 4. 请分析说明锚段关节在柔性接触网和刚性接触网中的不同之处。			
课外拓展	1. 请查阅资料对比分析"T"形和"Π"形两种汇流排的特点。 2. 请查阅资料说明如何安装汇流排中间接头。			
学习效果评价	专业（知识/能力）收获		（非专业）能力素质收获	
	评价考核项目	自我评价	小组评价	教师评价
	主动提出问题数量			
	课外学习时间（学时）			
	兴趣自主学习程度（收集相关知识点数）			
	工作态度（课堂、课后任务完成情况）	☆☆☆☆☆	☆☆☆☆☆	☆☆☆☆☆
	合作意识及协调能力	☆☆☆☆☆	☆☆☆☆☆	☆☆☆☆☆
	正确表达和沟通能力	☆☆☆☆☆	☆☆☆☆☆	☆☆☆☆☆
	自律能力（缺勤/旷课/迟到/违纪次数）			

学习任务单 3.4

学习单元	刚性接触网结构与设备		第四节		其他设备	
班　级			姓　名			
学习小组			学　号			
学习资源	视频	PPT	动画演示	实训仿真	图片	教学案例
	√	√			√	

教学目标	能力目标：
	知识目标：
	素质目标：

课堂任务导入	请说明线岔和道岔的关系。

续表

课堂任务分解	请完成表3-5。 表3-5 刚性接触网其他设备			
	其他设备	设置位置	作用	组成
	线岔			
	电连接			
	分段绝缘器			
	架空地线			
课外拓展	请查阅资料说明线岔易发生的故障及检修标准。			
学习效果评价	专业（知识/能力）收获		（非专业）能力素质收获	
	评价考核项目	自我评价	小组评价	教师评价
	主动提出问题数量			
	课外学习时间（学时）			
	兴趣自主学习程度（收集相关知识点数）			
	工作态度（课堂、课后任务完成情况）	☆☆☆☆☆	☆☆☆☆☆	☆☆☆☆☆
	合作意识及协调能力	☆☆☆☆☆	☆☆☆☆☆	☆☆☆☆☆
	正确表达和沟通能力	☆☆☆☆☆	☆☆☆☆☆	☆☆☆☆☆
	自律能力（缺勤/旷课/迟到/违纪次数）			

学习单元四

接触轨结构与设备

学习任务单 4.1

学习单元	接触轨结构与设备		第一节		接触轨简介	
班　级			姓　名			
学习小组			学　号			
学习资源	视频	PPT	动画演示	实训仿真	图片	教学案例
	√	√			√	
教学目标	能力目标： 知识目标： 素质目标：					

续表

课堂任务导入	1. 请书写并记忆接触轨的概念。 2. 请说明为什么接触轨被形象地称为第三轨。
课堂任务分解	1. 以小组为单位，查找相关参考资料及手册完成表4-1。 表 4-1 中国接触轨应用情况表 | 项目	城市	类型	规模
---	---	---	---
中国主要城市 接触轨建设情况			
				  2. 请说明接触轨的技术特征是什么。 3. 请说明接触轨常用的电压等级有哪些。 4. 请总结接触轨的安装方式有哪些。

续表

课堂任务分解	5. 请简述接触轨常用的材料及各自具有的特点。 6. 请说明接触轨在不同线路中的布置原则。
课外拓展	请查阅资料说明城市轨道交通接触轨的发展趋势。

学习效果评价	专业（知识/能力）收获		（非专业）能力素质收获	
	评价考核项目	自我评价	小组评价	教师评价
	主动提出问题数量			
	课外学习时间（学时）			
	兴趣自主学习程度（收集相关知识点数）			
	工作态度（课堂、课后任务完成情况）	☆☆☆☆☆	☆☆☆☆☆	☆☆☆☆☆
	合作意识及协调能力	☆☆☆☆☆	☆☆☆☆☆	☆☆☆☆☆
	正确表达和沟通能力	☆☆☆☆☆	☆☆☆☆☆	☆☆☆☆☆
	自律能力（缺勤/旷课/迟到/违纪次数）			

学习任务单 4.2

学习单元	接触轨结构与设备		第二节		接触轨结构	
班　级			姓　名			
学习小组			学　号			
学习资源	视频	PPT	动画演示	实训仿真	图片	教学案例
	√	√			√	

教学目标	能力目标：
	知识目标：
	素质目标：

课堂任务导入	请书写并记忆接触轨的主要结构。
课堂任务分解	1. 请说明常用接触轨的类型是什么。

续表

课堂任务分解	2. 请说明防护罩应具有哪些特征。 3. 请说明接触轨中常用的中间接头有哪些。 4. 请分析接触轨常见的故障有哪些。 5. 请简述中心锚结的作用。分析普通中心锚结和大坡度中心锚结的结构。

续表

课外拓展	请查阅资料分析接触轨、柔性接触网、刚性接触网结构的适用性。			
学习效果评价	专业（知识/能力）收获	（非专业）能力素质收获		
	评价考核项目	自我评价	小组评价	教师评价
	主动提出问题数量			
	课外学习时间（学时）			
	兴趣自主学习程度（收集相关知识点数）			
	工作态度（课堂、课后任务完成情况）	☆☆☆☆☆	☆☆☆☆☆	☆☆☆☆☆
	合作意识及协调能力	☆☆☆☆☆	☆☆☆☆☆	☆☆☆☆☆
	正确表达和沟通能力	☆☆☆☆☆	☆☆☆☆☆	☆☆☆☆☆
	自律能力（缺勤/旷课/迟到/违纪次数）			

学习单元五

接触网设计与施工

学习任务单 5.1

学习单元	接触网设计与施工		第一节		接触网设计	
班　级			姓　名			
学习小组			学　号			
学习资源	视频	PPT	动画演示	实训仿真	图片	教学案例
	√	√			√	
教学目标	能力目标： 知识目标： 素质目标：					
课堂任务导入	请书写影响接触网设计的因素。					

续表

课堂任务分解	1. 请说明接触网设计包括哪些设计阶段。 2. 试述接触网的设计流程。 3. 请说明接触网的设计内容包括哪些。 4. 请简述接触网的设计文件应包含的内容。 5. 请简述接触网设计的接口包括哪些方面。 6. 请书写什么是接触网平面图。

续表

课外拓展	请查阅资料识读接触网平面图。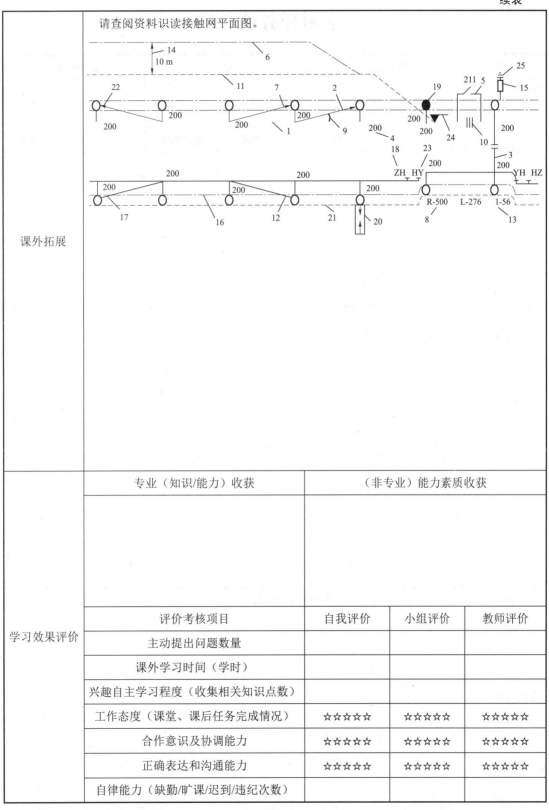
学习效果评价	专业（知识/能力）收获 | （非专业）能力素质收获

评价考核项目	自我评价	小组评价	教师评价
主动提出问题数量			
课外学习时间（学时）			
兴趣自主学习程度（收集相关知识点数）			
工作态度（课堂、课后任务完成情况）	☆☆☆☆☆	☆☆☆☆☆	☆☆☆☆☆
合作意识及协调能力	☆☆☆☆☆	☆☆☆☆☆	☆☆☆☆☆
正确表达和沟通能力	☆☆☆☆☆	☆☆☆☆☆	☆☆☆☆☆
自律能力（缺勤/旷课/迟到/违纪次数）			

学习任务单 5.2

学习单元	接触网设计与施工		第二节		接触网施工	
班　级			姓　名			
学习小组			学　号			
学习资源	视频	PPT	动画演示	实训仿真	图片	教学案例
	√	√			√	
教学目标	能力目标：					
	知识目标：					
	素质目标：					
课堂任务导入	请书写接触网施工准备阶段的主要工作。					

续表

课堂任务分解	1. 请简述接触网工程施工阶段的基本流程。 2. 请说明横向测量和纵向测量的主要任务是什么。 3. 请简述承力索架设的操作过程。 4. 请简述接触线架设的操作过程。 5. 请简述接触网设计的接口包括哪些方面。 6. 请说明什么是冷滑？什么是热滑？试分析冷滑试验与热滑试验的区别。

续表

课外拓展	请查阅资料简述冷滑试验和热滑试验要检查的试验项目及试验顺序。			
学习效果评价	专业（知识/能力）收获		（非专业）能力素质收获	
	评价考核项目	自我评价	小组评价	教师评价
	主动提出问题数量			
	课外学习时间（学时）			
	兴趣自主学习程度（收集相关知识点数）			
	工作态度（课堂、课后任务完成情况）	☆☆☆☆☆	☆☆☆☆☆	☆☆☆☆☆
	合作意识及协调能力	☆☆☆☆☆	☆☆☆☆☆	☆☆☆☆☆
	正确表达和沟通能力	☆☆☆☆☆	☆☆☆☆☆	☆☆☆☆☆
	自律能力（缺勤/旷课/迟到/违纪次数）			

学习单元六

接触网运营管理

学习任务单

学习单元	接触网运营管理				
班　　级			姓　名		
学习小组			学　号		
学习资源	视频	PPT	动画演示	实训仿真	图片	教学案例
	√	√			√	
教学目标	能力目标： 知识目标： 素质目标：				
课堂任务导入	请说明接触网运营管理应配备的工具。				

课堂任务分解	1. 请说明接触网的作业方式及程序。 2. 请试述接触网的检修方式。 3. 请说明接触网小修的主要工作包括哪些。 4. 请简述接触网大修的主要工作包含哪些内容。

续表

课外拓展	请查阅资料说明接触网检修员应具备哪些素质。			
学习效果评价	专业（知识/能力）收获		（非专业）能力素质收获	
	评价考核项目	自我评价	小组评价	教师评价
	主动提出问题数量			
	课外学习时间（学时）			
	兴趣自主学习程度（收集相关知识点数）			
	工作态度（课堂、课后任务完成情况）	☆☆☆☆☆	☆☆☆☆☆	☆☆☆☆☆
	合作意识及协调能力	☆☆☆☆☆	☆☆☆☆☆	☆☆☆☆☆
	正确表达和沟通能力	☆☆☆☆☆	☆☆☆☆☆	☆☆☆☆☆
	自律能力（缺勤/旷课/迟到/违纪次数）